相続のキホンと対策

知っておきたい
やっておきたい

税理士法人 ネクスト
公認会計士
税理士 根岸 二良
税理士 澤野 純一
［著］

相続税額計算
シミュレーション
〈CD-ROM付〉

自分でできる！

清文社

はじめに

両親または配偶者が他界し、葬儀を無事終わらせた後、誰もが直面するのが「相続」です。介護・看護で精神的・肉体的に疲れている中で、慣れない相続という問題に対応していかなければなりません。相続は一生に数回しか経験しないため、何をいつまでにしなければいけないのか、ご存知ない方が多いと思います。相続の手続を自分で進める場合、本やインターネットなどで調べることになるでしょう。また、自分で手続をすることが大変だと感じる方は、専門家に依頼することになると思います。

自分で進める場合でも、専門家に依頼する場合でも、相続の全体像やスケジュールなどの重要なポイントを自分の頭で理解しておく必要があります。自分で進める場合はもちろんですが、専門家に依頼する場合でも、ポイントを自分で理解せず専門家に任せた場合（わかりやすく言えば「丸投げ」した場合）、後で「こんなつもりじゃなかった」と後悔する状況になっても取り返しがつきません。「自分の身は自分で守る」必要がありますので、重要なポイントを理解したうえで、信頼できる専門家へ依頼する、というスタンスで、相続にのぞむべきです。相続は、大切な財産を引き継ぐ、一生に数回しかないことなのですから。

相続のポイントを理解しようと書店に並んでいる本を読んでも、難しい専門用語が沢山あったり、またあまり生じないようなケースを説明していたりと、何がポイントなのか一読して理解できるものは多くないと思います。

本書では、初めて相続を経験する方が一読して、相続の全体像を簡単に理解できること、それを第一の目的としています。したがって、難しい専門用語はなるべく用いず、イメージがわきやすいよう具体例をあげながら説明しています。また、あまり生じないケースについては省略し、重要なポイントにあえて絞って説明し、全体像を理解しやすいように工夫しています。全体像やスケジュールが理解できれば、次の段階として、自分に関係する部分だけを、さらに深く理解していけば十分対応できるはずです。

相続のポイントを理解した次に、本書では、それぞれの方の置かれている現状分析のしかた、問題点に対する対策を説明しています。相続のポイントを理解した上で、本書に添付しているCD-ROM「相続税概算試算」を用いて自分の「現状分析」を行い、対策の方向性を把握できること、それが本書の第二の目的です。

本書で相続のポイントを理解いただき、読者のみなさんの現状分析とその対策の方向性を理解いただければ、本書の目的は達成できたことになります。もちろん、相続では各人の置かれた状況は千差万別ですので、より詳しい法律・税金の理解を必要とされる方は、他の書籍を参考にし、専門家に相談されることをお勧めします。本書が、皆様の相続に対する不安・負担を少しでも軽くすることに役立てれば幸いです。

最後になりましたが、本書を企画時から刊行まで担当してくださった清文社の橋詰守氏、對馬大介氏に感謝申し上げます。

平成24年9月　著者代表　税理士法人ネクスト代表社員

公認会計士・税理士　**根岸二良**

目次

はじめに

第1編 ポイント理解編 …… 1

第1部 ポイント

第1部 相続のキホン …… 2

- 相続ってナニ? 2
- 相続ですべきこと 4
- 相続のスケジュール 6

第1部 ポイント 8

第2部 相続のキマリ（民法）…… 10

- 相続の登場人物・物の調査とは 10
- 相続の登場人物・物の調査──相続財産 12
- 相続の登場人物・物の調査──相続人 14
- 財産分けの話合い──進め方 18
- 財産分けの話合い──内容 20

相続のキホンと対策
知っておきたい やっておきたい
相続税額計算シミュレーション
〈CD-ROM付〉

第2部 ポイント

財産の名義変更　22

贈与税の仕組み　23

第3部 相続のゼイキン（相続税） ……26

相続税の手続が必要な人は？　26

相続税の対象となる財産　28

相続税の優遇措置　30

相続税の納め方　32

第3部 ポイント　34

第2編 ケース別対策 編 ……35

第4部 現状分析のやりかた ……36

現状分析のやりかた　36

相続人の調査　38

相続財産の調査　43

建物の調査　45

土地の調査　52

その他財産・債務の調査　62

第5部 相続対策のポイント ……… 78

相続対策 78
財産分け対策 79
納税対策 86
相続税対策 89

小規模宅地特例 67
配偶者の税額軽減 72
相続税の試算 73

第3編 ケーススタディ

第6部 ケーススタディ ……… 101

ケース① 一戸建自宅・賃貸アパート 106
ケース② マンション自宅 152

102

付属の CD-ROM について

　本書には、相続税額の計算シミュレーションを行うため、Excel で作成した計算シート「相続税概算試算」、また第 3 編のケーススタディの内容を、実際に入力した「相続税概算試算 ケース①」「相続税概算試算 ケース②」を記録した CD-ROM が付属しています。使用方法については、本書の中で詳しく解説しておりますので、そちらをご参照ください。

　また、上記シートにより算出される相続税額はあくまで概算です。実際の相続税額については、税理士などの専門家にご相談の上、確認するようにしてください。

［動作環境］
　上記計算シートは、Excel2010 において作成・動作確認を行っています。他の Version との互換性については確認を行っておりませんので、ご自身の責任においてご利用ください。

［商 標］
・Microsoft Excel は米国 Microsoft Corporation の米国およびその他の国における登録商標です。その他の本文中で使用する製品名等は、一般的に各社の商標または商標登録です。
・本文中では Microsoft Excel は「エクセル」とカタカナで表記しています。
・本書に掲載されている会社名・製品名などは、それぞれ各社の商標・登録商標・商品名です。なお、本文中では Copyright、™ マーク、® マーク等は省略しております。

［免責事項］
　本製品に起因する直接・間接のいかなる損害についても、著者および当社は一切の責任を負いかねます。

第1編 ポイント理解編

第1部 相続のキホン

相続ってナニ？

これから相続について学んでいきますが、まず、そもそも相続ってどんな意味か少し考えてみるところから始めたいと思います。

相続ってどんな意味でしょうという問いかけに対して、「当たり前のことを何言っているんだ、相続は他界した親の財産をもらうことでしょ」という答えが返ってきそうです。確かに、相続は他界した親の財産をもらうことでもあり、その答えは間違いではありません。ただ、ここではまず「相続ってナニ？」という疑問について、少し視点を変えて考え直してみたいと思います。これから相続を学んでいくときに、「相続ってナニ？」という軸がしっかりとしていれば、頭のなかで相続の知識が整理しやすくなるからです。

これから相続のキマリ（民法）とゼイキン（相続税）について皆さんと一緒に学んでい

きます。相続を学ぶとき、馴染みのない専門用語や、多くの法律・税金のルールを理解しなければなりません。この本では難しい専門用語を極力使わないよう、また、10人いたら8〜9人が関係するようなケースに限定し重要なポイントにしぼって学んでいきます。それでも多くのことを学ばなければなりません。馴染みがなく、具体的なイメージがしにくいことを沢山学んでいくと、個々のことに目が行き、全体がわからなくなることがあります。そうならないよう、まず頭の中に全体像がわかるような地図をしっかりと作る必要があります。相続の全体像のどの部分に関することなのかを確認することで、今学んでいる部分の位置付けが明確になります。そのようにしておけば、きちんと整理ができると学んだ知識も忘れにくくなります。

その相続の全体像となる地図にもいろいろなものがあると思いますが、ここでは「相続ってナニ？」という切り口で全体像となる地図を作っていきます。繰り返しになります

が、その全体像が、これから学んでいく相続を、頭の中で整理するための地図になりますので、しっかりと理解してください。

話が少し脱線しましたので、「相続ってナニ？」という問いかけに戻ります。「相続は他界した親の財産をもらうことでしょ」という答えでも間違っていません。ただ、相続をそのように「財産をもらうこと」と考えるのは、もらう人の視点になっています。これから相続のキマリ（民法）を考えていく場合に頭の中を整理しやすくするためには、相続をもらう人の視点だけでなく、財産をもらった人の視点から、財産の視点ってどういうこと？」と思われる方も多いでしょう。相続を財産の視点から考えるという意味はわかりづらいので、少し具体的に説明します。

まず、相続で登場する人物・物は、（1）他界した人、（2）他界した人の財産、（3）親から財産をもらうこと、の3つになります（図1）。

親から財産をもらうことを相続ととらえる場合には、相続の意味を、財産をもらう人の視

第1編 ポイント理解編

ポイント

● 相続は、持ち主が他界していなくなったときに、新しい持ち主を決める手続です。

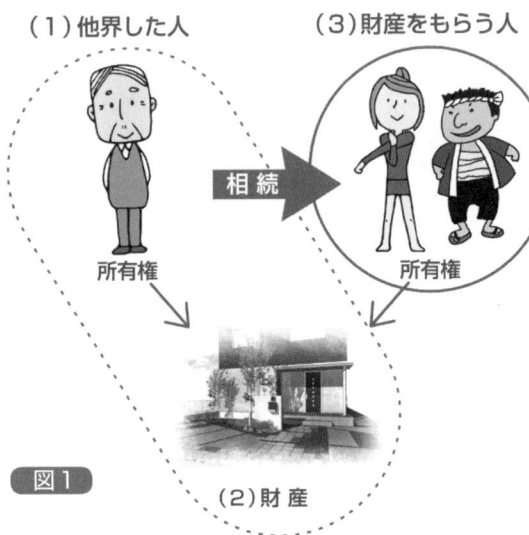

図1

図2

点（立場）でとらえていることになります。この視点で考えると、財産を「もらう」という点に関心が向かいがちです。

い持ち主に誰かになってもらう必要があります。財産の持ち主が他界していなくなった場合、他界した人の一定の親族が、法律上自動的に新しい持ち主になり、その手続を相続といいます。少しややこしいですが、相続は、財産の持ち主が他界することでいなくなったときに、新しい持ち主を決める手続、ということです。

相続を「新しい持ち主を決める手続」と考えると、売買や贈与といった活動と似ている点があることに気づきます。売買は、売主と買主がお金（売買代金）をやり取りして、財産（売買の対象となる財産）の新しい持ち主を決める手続、といえます。贈与は無料で財産をあげる・もらうことですから、あげる人ともらう人が、お金のやり取りなく、財産（贈与の対象となる財産）の新しい持ち主を決める手続、と考えることができます。新しい持ち主を決める手続という点で考えれば、相続と売買・贈与は共通しています。

財産の視点から相続を考えると、相続は「新しい持ち主を決める手続」という意味になります。財産の持ち主である人が他界すると、その財産には持ち主がいない状態になります。持ち主は他界したので天国にはいますが、この世には持ち主がいません。持ち主がいない状態では法律上困るので、新しい持ち主を決める手続が必要になります。

この考え方でも間違いではありませんが、相続の全体像をバランスよく理解するためには財産の視点から相続を考えたほうがよく、その場合には図2のようになります。

相続ですべきこと

相続というと人間の死に係る事柄なので難しい、特殊なイメージがあるかもしれません。相続は、これまでに学んだように売買・贈与と似た、財産の新しい持ち主を決める手続ですので、売買・贈与・相続の登場人物・物は、(1) 今の持ち主、(2) 財産、(3) 新しい持ち主、で同じです（図3、図4）。

(1) 売主・あげる人
（今の持ち主）
所有権

売買・贈与 →

(3) 買主・もらう人
（新しい持ち主）
所有権

(2) 財産

図3

(1) 他界した人
（今の持ち主）
所有権

相続 →

(3) 財産をもらう人
（新しい持ち主）
所有権

(2) 財産

図4

手続を進めるため、(1) 今の持ち主、(2) 財産、(3) 新しい持ち主を決めるには、何らかの方法でこの3つの登場人物・物を、まず調べなければなりません。具体的にどのように調べるか、その方法については、「第2部 相続のキマリ（民法）」で学びます。

相続での登場人物・物を調べたら、次に、財産の新しい持ち主同士で、誰がどの財産をもらうか、話し合う必要があります。新しい持ち主が1人である場合には、その1人が全ての財産をもらうので、この話合いは必要ありません。新しい持ち主が1人でない場合（つまり2人以上である場合）には、誰がどの財産をもらうかを話し合い、全員が納得しなければ、相続の手続を終わらせることができません。

相続の手続を進めるためには、(1) 今の持ち主（他界した人）、(2) 財産、(3) 新しい持ち主（財産をもらう人）という3つの登場人物・物を、まず決めなければなりません。売買や贈与は法律上「契約」に該当しますので、3つの登場人物・物は契約書に通常、記載されます。したがって、これらが誰（何）であるかは契約書を見ればわかります。

相続の場合には、財産の持ち主が他界すると、相続という、新しい持ち主を決める手続が法律上自動的に行われます。そのため、相続の契約書というものはありません。相続の

売買でも新しい持ち主が1人でないことはありますが、多くの場合は新しい持ち主は1人です。また、新しい持ち主が1人でない場合でも契約書に、誰がどの財産の新しい持ち主になるか書かれています。つまり、売買では、新しい持ち主同士で話し合う必要はなく、あくまで、今の持ち主（売主）と新しい持ち主（買主）との話合いで合意すれば、売買の手続は終わらせることができます。相続の場

ポイント

- 相続ですべきことには、キマリ（民法）とゼイキン（相続税）とがあります。
- 相続のキマリ（民法）では、①登場人物・物の調査、②財産分けの話合い、③財産の名義変更、がすべきことです。
- 相続のゼイキン（相続税）は、他界した人が一定以上のお金持ちの場合のみ、手続が必要です。

合には、新しい持ち主が複数であれば、新しい持ち主同士で話し合い、誰がどの財産をもらうか、全員が合意する必要がある点で、売買とは異なります。

相続で、（1）今の持ち主、（2）財産、（3）新しい持ち主を調べて確定し、新しい持ち主全員で誰がどの財産をもらうかを合意したら、それで相続の手続は完了です。なお、財産の新しい持ち主が決まったら、財産の名義を新しい持ち主に変更しますが、それは、売買・贈与と同じで相続に特別なことではありません。

相続ではいろいろな話がでてきますが、その話が図5のステップ①（3つの登場人物・物の調査）、ステップ②（新しい持ち主間での財産分けの話合い）、ステップ③（新しい持ち主へ財産の名義変更）のどの部分の話か、頭の中で全体像の中でその位置付けを明確にしながら理解していくと、知識が整理しやすくなります。図5が相続の全体像として地図の役割を果たします。

図5

他界した人（今の持ち主）　　財産をもらう人（新しい持ち主）

相続

所有権　　　　　　　　　所有権

ステップ①　登場人物・物の調査
ステップ②　財産分けの話合い
ステップ③　財産の名義変更

財産

ここまでの話で、相続のキマリ（民法）の大きな流れを学びました。相続にはもう1つ理解しなければならない手続があります。それが、相続のゼイキン（相続税）です。相続のゼイキン（相続税）は相続税と呼ばれるものです。相続税の手続は、相続で財産をもらった人全員が常にしなければいけない、というわけではありません。他界した人の財産が一定の金額以上（つまり、一定以上のお金持ち）である場合にのみ、相続税の手続をしなければいけないことになっています。そのため、相続税の手続が必要かどうか判断することが、まず重要なポイントとなります。

相続税の手続が必要ない場合には、相続のキマリ（民法）だけを考えればよいので、図5のステップ①②③を行えば相続の手続は完了したことになります。

相続のスケジュール

相続のキマリ（民法）、ゼイキン（相続税）のスケジュールは、相続税の手続が必要かどうかで違ってきます。結論から言えば、相続税の手続が必要ない場合と比べて、必要でない場合には、スケジュールが厳しくなります。

相続税の手続の締切期限は、他界した日から10ヶ月後です。相続税の手続が必要である場合には、他界した日から10ヶ月で、相続のキマリ（民法）ステップ①②、および相続のゼイキン（相続税）の手続を完了させなければなりません。ポイントは、相続のゼイキン（相続税）の手続を全て完了させるには、相続のキマリ（民法）ステップ①②も完了させる必要があるという点です（詳しい理由は「第3部 相続のゼイキン（相続税）」で説明します）。なお、相続のキマリ（民法）ステップ③は、他界した日から10ヶ月までにする必要は、基本的にはありません。

相続税の手続が必要なければ、他界した日から10ヶ月までというような期限はありませんので、ゆっくりと手続を進めることもできます。ただし、他界した人が財産よりも借入など債務を大きく抱えていた場合には、相続放棄という手続を検討する必要があります。この相続放棄は他界した日から3ヶ月以内に手続する必要がある点、注意が必要です。

図6

相続税の手続が必要ない場合

相続のキマリ（民法）
- ステップ① 登場人物・物の調査
- ステップ② 財産分けの話合い
- ステップ③ 財産の名義変更

締切期限なし

相続税の手続が必要ある場合

相続のキマリ（民法）
- ステップ① 登場人物・物の調査
- ステップ② 財産分けの話合い

相続のゼイキン（相続税）
- ステップ① 相続税申告書作成
- ステップ② 相続税納税資金準備

他界した日から10ヶ月
なお、相続のキマリ（民法）ステップ③ 財産の名義変更は、締切期限なし

相続放棄

他界した人に財産だけでなく、借金など債務もあった場合、その債務も相続の対象となります。債務よりも財産が大きければよいですが、相続で財産だけをもらうことはできず債務も全て相続しますので、相続する財産よりも債務のほうが大きい場合、かえって損をしてしまいます。そのような場合、相続放棄という手続があります。相続放棄をすれば、財産も債務も全て相続しません。相続で損する場合（債務のほうが財産よりも大きい場合）には相続放棄を行います。ただし、相続放棄を行うには期限があり、他界してから3ヶ月以内となっています。

このように、相続税の手続が必要かどうかで、相続のスケジュールが大きく違ってきます。したがって、相続の手続をすすめる場合、まず、相続税の手続が必要か判断する必要があります。相続税の手続が必要であれば、相続税の手続の締切期限にあわせて、スケジュールを計画しなければなりません。相続税の手続が必要かどうかの判断は、他界した人の財産が一定の金額を超える（つまり、

第1編 ポイント理解編

ポイント

- 相続税の手続が必要かどうかは、他界した人の財産が基礎控除（5,000万円＋1,000万円×法定相続人の数）を超えるかどうかで判断します。
- 相続税の手続が必要な場合、財産の名義変更以外の手続は、他界した日から10ヶ月以内に完了しなければなりません。
- 相続税の手続が不要の場合、相続の手続に期限はありません。

一定以上のお金持ち）かどうかで決まります。この一定の金額を、相続税の「基礎控除」と呼びます。

基礎控除は、定額部分（5,000万円）と法定相続人の数の比例部分（1,000万円×法定相続人の数）の合計で決まります（図7）。したがって、基礎控除を決めるには、法定相続人の数を調べる必要があります。法定相続人とは、法律上、相続する権利のある人のことをいいます。法律上、相続する権利のある人は、配偶者、子供と今は理解しておけばよいでしょう。

父、母、子供2人の家族で、父が他界したケースで考えてみます。法律で相続できる権利を持っているのは、母、子供2人です。つまり、法定相続人は、母、子供2人の合計3人です。父の相続で、相続税の手続が必要かどうかは、父の財産が、基礎控除である8,000万円（＝5,000万円＋1,000万円×3）を超えているかどうかにより判定します。

相続税の手続が必要である場合

他界した人の財産 ＞ 基礎控除

他界した人の財産が、一定の額（基礎控除）を超えるケース
（わかりやすく言えば、他界した人が一定の額（基礎控除）を超えるお金持ちであるケース）

ポイント

- 他界した人の財産は、他界した日の時価で計算する
- 他界した人に借金など債務がある場合は、財産から債務を控除した残額が財産となる
- 基礎控除は次の計算式で算定する

基礎控除＝
5,000万円 ＋ 1,000万円×法定相続人の数
法定相続人は、法律上、相続する権利のある人をいう

図7

なお、ここでいう父の「財産」の範囲は、正確に考えると難しい部分もあります（詳しくは「第3部 相続のゼイキン（相続税）」で学びます）ので、今は他界した人の財産とだけ理解しておいてください。

他界した人の財産を厳密に計算するのは難しいので、相続税の手続が必要かどうか判断するはじめの段階では、基礎控除と、他界した人の財産概算額とで判断します。明らかに相続税の手続が必要な場合（基礎控除を大幅に超える財産がある場合）、または明らかに相続税の手続が不要な場合（基礎控除を大幅に下回る財産である場合）は相続税手続の要否が明確なので特に問題はありませんが、相続税の手続が必要かどうか微妙な場合（財産が基礎控除に近い金額の場合）もあります。そのように微妙な場合には、相続税の手続が必要であるという前提で、相続のスケジュールを計画して進めます。

第1部 ポイント

■相続のキマリ（民法）全体像

○相続ってナニ？
持ち主が他界していなくなったときに、新しい持ち主を決める手続

○相続ですべきこと
相続のキマリ（民法）と相続のゼイキン（相続税）の2つ

○相続のゼイキン（相続税）
他界した人が一定以上のお金持ちの場合のみ、必要

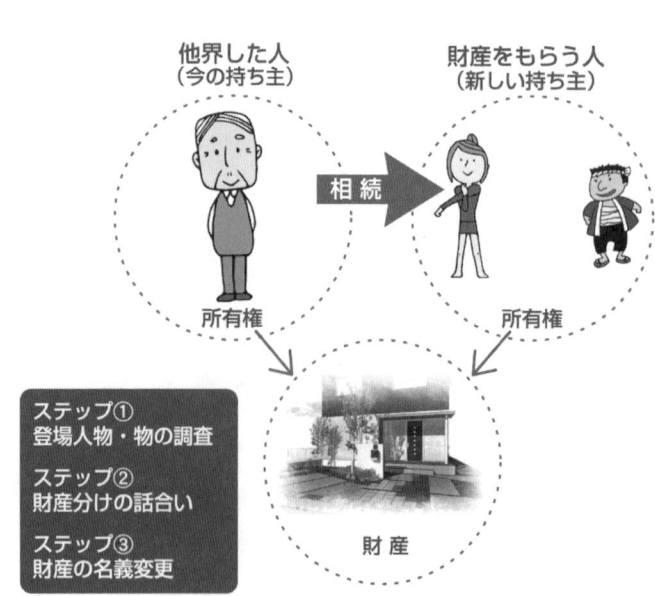

ステップ①
登場人物・物の調査

ステップ②
財産分けの話合い

ステップ③
財産の名義変更

■相続のすべきこととスケジュール

相続税の手続が必要ない場合

相続のキマリ（民法）
- ステップ①　登場人物・物の調査
- ステップ②　財産分けの話合い
- ステップ③　財産の名義変更

締切期限なし

相続税の手続が必要ある場合

相続のキマリ（民法）
- ステップ①　登場人物・物の調査
- ステップ②　財産分けの話合い

相続のゼイキン（相続税）
- ステップ①　相続税申告書作成
- ステップ②　相続税納税資金準備

他界した日から10ヶ月
なお、相続のキマリ（民法）ステップ③ 財産の名義変更は、締切期限なし

■相続税の手続の要否判定

相続税の手続が必要である場合

他界した人の財産 ＞ 基礎控除

他界した人の財産が、一定の額（基礎控除）を超えるケース
（わかりやすく言えば、他界した人が一定の額（基礎控除）を超えるお金持ちであるケース）

ポイント
- ●他界した人の財産は、他界した日の時価で計算する
- ●他界した人に借金など債務がある場合は、財産から債務を控除した残額が財産となる
- ●基礎控除は次の計算式で算定する

基礎控除＝
5,000万円 ＋ 1,000万円×法定相続人の数
法定相続人は、法律上、相続する権利のある人をいう

第2部 相続のキマリ（民法）

相続の登場人物・物の調査とは

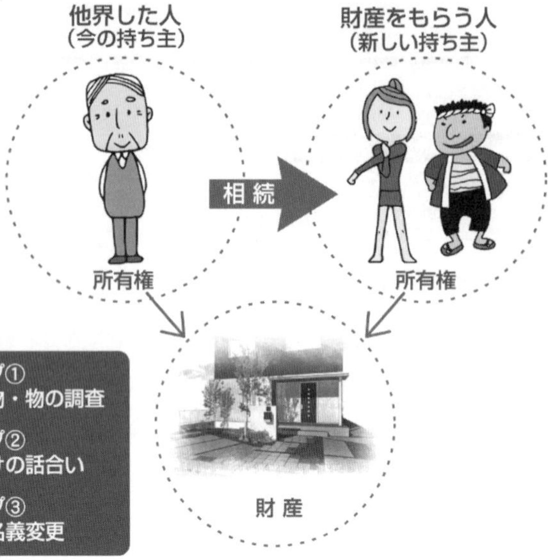

図1
ステップ①
登場人物・物の調査
ステップ②
財産分けの話合い
ステップ③
財産の名義変更

相続は、財産の持ち主が他界した場合に、新しい持ち主を決める手続であることを学びました。相続のキマリ（民法）は、次のステップ①②③の順序で手続をします（図1）。

ステップ①　登場人物・物の調査
ステップ②　財産分けの話合い
ステップ③　財産の名義変更

「第2部　相続のキマリ（民法）」ではステップ①②③ごとの手続を学びます。

相続の登場人物・物は3つで、(1)他界した人、(2)財産、(3)財産をもらう人、です。相続は人が他界することで起こります。相続の手続をするときには、特定の他界した人の相続について手続をすることになるので、(1)他界した人は調べるまでもなく既に特定されています。調べる必要があるのは、(2)財産、(3)財産をもらう人、です。

相続は、人が他界して財産の持ち主がいなくなった場合に、新しい財産の持ち主を決める手続ですから、(2)財産は他界した人が持ってい

た財産（持ち主がいなくなった財産）となります。なお、この相続の対象となる財産を相続財産と呼びます。

また、(3)財産をもらう人は、誰でもなれるというわけではありません。他界した人の一定の親族（配偶者、子供など）が財産をもらう権利のある人として法律で決められています。なお、相続で財産をもらう権利のある人を相続人（そうぞくにん）または法定相続人と呼びます。被相続人（ひそうぞくにん）

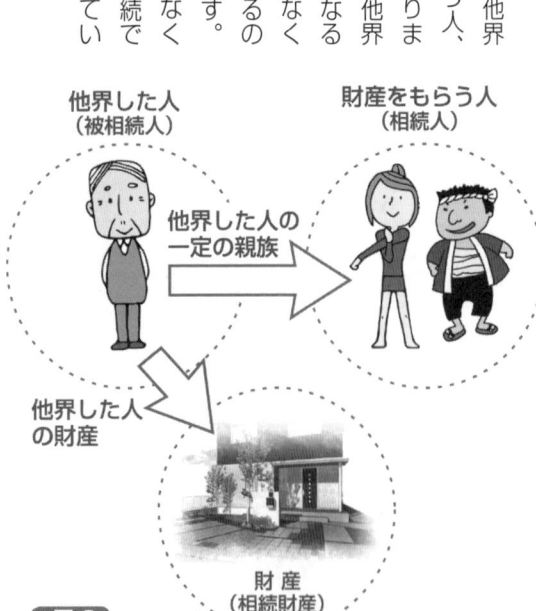

図2

財産（相続財産）の調査

という言葉が使われることがありますが、被相続人は他界した人を意味していますので間違えないように注意してください。

相続の対象となる財産は、他界した人が持っていた財産全てです。また、他界した人の持っていた財産だけでなく、借金など債務も相続の対象となります。財産の例として、不動産（土地、建物）、預貯金、現金、有価証券（株式、債券）、ゴルフ会員権、自動車、債権（貸付金など）があります。債務の例として、銀行からの借入金、医療費、税金の未払金があります。なお、法律上、相続の対象となる財産、債務を含めて、これ以降は、相続財産と呼ぶこととします。

いや相続税の手続が必要かの判断で役立つように、財産の内容・時価を財産目録として一覧にしておくと便利です。

では、まず登場人物・物の1つである(2)財産について、どのように調べるか考えていきましょう。なお、多くの場合、どのような財産があるか（財産の範囲）という点を調べるだけでなく、その財産がどれくらいの価値があるか（財産の評価）という点についても、調べます。これは、相続のキマリ（民法）のステップ②財産分けの話合いや、相続税の手続が必要かどうかを判断する際に、相続の対象となる財産の価値（時価）がいくらかという情報が必要になるからです。財産の価値（時価）にもいろいろありますが、財産分けで大きな争いがなければ、相続税の評価額を財産の価値（時価）とすることが多いでしょう。財産にどのようなものがあるか、価値（時価）がいくらかを調べたら、財産分けの話合

ステップ① 登場人物・物の調査― 財産

- ●相続の対象となる財産にどのようなものがあるか（財産の範囲）
- ●相続の対象となる財産の価値（時価）がいくらか（財産の評価）

財産目録

相続財産	内　容（地番・家屋番号など）	時　価
土地	東京都世田谷区用賀4丁目*** 200㎡	100,000,000 円
家屋	東京都世田谷区用賀4丁目***	5,000,000 円
預貯金	三菱東京UFJ銀行玉川支店普通預金*******	10,000,000 円
預貯金	三井住友銀行二子玉川支店定期預金*******	5,000,000 円
預貯金	みずほ銀行玉川支店定期預金*******	5,000,000 円
︙		

目的
(1) 財産分けの話合いの参考資料とする
(2) 相続税の手続の要否判定の参考資料とする

図3

生命保険・退職金

他界した人に生命保険をかけていた場合、多くは遺族が保険金の受取人になっているでしょう。その場合の死亡保険金は、法律上、相続の対象ではありません。つまり、財産分けの話合いをせずに、保険金の受取人のものになります。

他界した人の遺族に死亡退職金が支払われる場合も同様で、法律上、財産分けの話合いをせず、受取人のものになります。

ポイント

- ●相続のキマリ（民法）の手続は、①登場人物・物の調査、②財産分けの話合い、③財産の名義変更です。
- ●登場人物・物の調査では、他界した人の(1)相続財産、(2)相続人を調べます。
- ●相続財産の調査では、他界した人の財産の範囲（どのようなものがあるか）、評価（価値はいくらか）を調べます。

相続の登場人物・物の調査 ― 相続財産

相続財産の調査は、他界した人の財産にどのようなものがあるか（財産の範囲）、またその財産の価値はいくらか（財産の評価）の2点を調べます。

財産の範囲

相続の対象となる財産は、他界した人の持っていた財産全てです。また、他界した人の持っていた財産だけでなく、借金など債務も対象となります。財産の例として、不動産（土地、建物）、預貯金、現金、有価証券（株式、債券）、ゴルフ会員権、自動車、債権（貸付金など）があります。債務の例として、銀行からの借入金、医療費・税金の未払金があります。次に財産にどのようなものがあるか調べる方法を次に学んでいきましょう。

○不動産（土地、建物）

土地・建物を持っていた場合、毎年5月ごろに都税事務所・市役所などから、固定資産税の納税通知書とその課税明細書が、持ち主宛に送付されています。他界した人が不動産を持っている場合、その課税明細書を見れば、所有している土地・建物を把握できます。なお、厳密には、都税事務所・市役所などで名寄帳をとって確認する必要があります。

○預貯金

他界した人の預貯金の通帳を調べれば、どこの金融機関（郵便局を含みます）の支店に口座があるかわかります。その金融機関の支店から、他界した日を基準日とする残高証明書を入手します（手数料はかかります）。なお、紛失やそもそも発行されていない場合など、通帳がないときには把握できないことになります。その場合でもキャッシュカードや他の金融機関の通帳記録（口座振替の記録）などから、口座のある金融機関の支店を調べ、その支店に問い合わせや残高証明書の入手を行い、確認します。

○有価証券

証券会社からの定期的に送付されてくる取引残高報告書により取引のある証券会社を把握します。その証券会社から、他界した人の口座について、他界した日を基準日とする残

○その他

財産目録が生前に作成されていれば、相続財産の把握は簡単ですが、多くの場合には作成されていないでしょう。その場合には、重要な書類が保管されている自宅金庫や貸金庫などを調べ、その中にある書類を1つずつ確認して、どのような財産を持っていたのか、確認していきます。

なお、法律上の相続財産には含まれませんが、次のものは、相続税手続の要否判定などのため、財産目録に記載しておいたほうがよいでしょう。

・死亡保険金、死亡退職金
・生前贈与財産のうち一定のもの

財産の評価

ある物の価値を調べるとき、どの時点の価値を調べるのか明確にしなければなりません。上場株式をイメージすればわかりやすいですが、価値（時価）は時間の経過により変動します。したがって、どの時点での時価を調べるのか、その基準時点を決めないと、財産の時価を算定できません。結論からいうと、通常、他界した日を基準日とします。

高確認書を入手し、確認します。

ポイント

- 相続財産の調査では、他界した人の財産の範囲（どのようなものがあるか）、評価（価値はいくらか）を調べます。
- 財産の範囲は、不動産、預貯金、有価証券など、それぞれの財産ごとに調べていきます。
- 財産の評価は、他界した日を基準として、相続税の評価額を調べます。

次に、財産の時価をどのように算定するか、考えてみましょう。預貯金や現金などは金額が明確なので、時価は預貯金・現金の金額となることはわかりやすいでしょう。ただ、土地・建物などの時価はどのように算定すればよいでしょうか？　時価は、他界した日に、通常の条件で、第三者と売買した場合の価格を意味します。ただ、上場株式のように市場があるもの以外は、何らかの方法で計算しないと時価はわかりません。結論からいうと、相続税の評価額をもって、時価とすることが多いでしょう。なお、相続税の評価額をどのように計算するかは、「第3部　相続のゼイキン（相続税）」で学びます。

土地の調査上注意すべきポイント

(1) 複数の市区町村に不動産を持っている場合
納税通知書・課税明細書は、（東京都についていうと）都税事務所・市役所ごとに送付されてきます。土地・建物を異なる市区町村に複数持っている場合、それぞれの市区町村ごとに納税通知書・課税明細が送付されてきます。

(2) 共有の不動産である場合
他界した人が単独所有でなく、共有で土地・建物を持っている場合、納税通知書・課税明細書は、単独所有の不動産の納税通知書とは別に送付されてきます。共有の不動産の納税通知書・課税明細書は共有者の代表者1人のみに対して送付されてきます。
⇒都税事務所・市役所などで、他界した人名義の名寄帳をとり、確認します。

(3) 私道である土地を持っている場合
私道として使われている土地は固定資産税が非課税であるため、納税通知書・課税明細書に記載がありません。
⇒都税事務所・市役所などで、他界した人名義の名寄帳をとり、確認します。

(4) 借地権を持っている場合
借地権は納税通知書・課税明細書に記載がありません。
⇒土地賃貸借契約書（または建物だけ持っている（土地は別の人が持ち主）ところがあるか）で確認します。

図4

土地の時価

土地の時価には、公示地価、路線価、固定資産税評価額の3つがあります。公示地価を100とすると、路線価は80、固定資産税評価額は70の水準となるように設定されています。具体的には、ある土地の公示価格が1,000万円であった場合、路線価での評価額は800万円、固定資産税評価額は700万円程度になる、ということです。

なお、公示地価と路線価は毎年改訂・公表されますが、固定資産税評価額は3年に1回だけ改訂され、その後2年間は同じ評価額となります（直近の改訂は平成24年です）。

相続の登場人物・物の調査 ― 相続人

相続は、持ち主が他界し、いなくなった財産の、新しい持ち主を決める手続です。その新しい持ち主には、誰でもなれるというわけではありません。

持ち主が他界して、新しい持ち主は自動的に決まるわけですから、新しい持ち主は他界した人と全く関係のない人ではなく、他界した人の一定の親族と決められています。この新しい持ち主になる人を、相続人（そうぞくにん）といいます。他界した人は、被相続人（ひそうぞくにん）といいます。

では、相続人になる一定の親族とは具体的には誰でしょうか。重要なポイントなので少し詳しく学んでいきます。

相続人になれる人は、まず、他界した人の配偶者です。配偶者は常に、相続人となります。配偶者以外の親族については、次の3つのケースごとに法律（民法）で誰が相続人になるか決められています。

(1) 他界した人に子供がいる場合

他界した人に、他界した時点で、子供がいる場合には、その子供が相続人になります。

(2) 他界した人に子供がいない場合

他界した人に子供がいない場合、他界した人の両親、祖父母が相続人になります。

(3) 他界した人に子供と両親が共にいない場合

他界した人に子供がおらず、かつ、両親・祖父母が存命していない場合には、他界した人の兄弟姉妹が相続人になります。

一番多いケースは (1) 他界した人に子供がいる場合で、次に多いのは (3) 他界した人に子供と両親が共にいない場合、でしょう。少しややこしいところなので具体例で理解していきましょう。

図5は、配偶者と子供がいるケースです。この場合には、他界した人の両親や兄弟姉妹がいる場合でも、相続人となるのは、配偶者と子供です。

図5

他界した人　配偶者（妻）

子

このケースで、(1) 子供が実子だけでなく養子もいる場合、(2) 既に子供が他界しており、その子供に子供（他界した人から見て孫）がいる場合、(3) 先妻との間に子供がいる場合、(4) 認知した子供がいる場合、など複雑なケースについては、次々ページで検討します。

図6は、子供がいて、既に配偶者が他界しているケースです。この場合、他界した人の両親や兄弟姉妹がいても、相続人になるのは、

ポイント

- 他界した人に配偶者がいる場合、常に配偶者は相続人になります。
- 他界した人に子供がいる場合、全ての子供は相続人になります。
- 他界した人に子供がいない場合、他界した人の両親が存命であれば、他界した人の両親が相続人になります。
- 他界した人に子供がなく、両親がともに既に他界している場合、他界した人の兄弟姉妹が相続人になります。

図7は、他界した人には配偶者、子供がおらず、両親が存命であるケースです。この場合、他界した人の両親が相続人になります。

図8は、他界した人に配偶者、子供がおらず、両親も既に他界しているケースです。この場合には、他界した人の弟が相続人になります。

なお、他界した人に養子がいる場合など、複雑な親族関係の場合に、相続人が誰になるかを次に学びます。該当しない場合には、理解する必要はありませんので、読み飛ばしてください。

図6 配偶者（夫、既に他界） 他界した人 子

図7 父（存命） 母（存命） 他界した人（配偶者・子なし） 弟

図8 父（既に他界） 母（既に他界） 他界した人（配偶者・子なし） 弟

他界した人に離婚暦があり、先妻との間に子供がいるケース

図9

配偶者である妻は相続人です。離婚している先妻は他界したときには、配偶者ではありませんので、相続人ではありません。配偶者ではいる場合、全ての子供が相続人になりますので、このケースでは、先妻との間の子供、妻との間の子供、ともに相続人になります。

他界した人と内縁関係にある女性との間に認知した子がいるケース

配偶者である妻は相続人ですが、内縁関係の女性は配偶者でないため、相続人ではありません。妻との間の子供、内縁関係の女性との間の認知した子供は、ともに他界した人の子供ですので、相続人となります。

図10

他界した人に実子だけでなく、養子がいるケース

配偶者である妻は相続人になります。他界した人に養子がいる場合、子供は全て相続人になりますので、実子・養子の区別なく、共に相続人になります。なお、実子とは、血がつながっている子供のことをいいます。

図11

他界した人の子供が既に他界しており、孫がいるケース

図12

配偶者である妻は相続人になります。子供は全て相続人になりますが、子供が既に他界しているときは、その子供の子供（他界した人からみると孫）が相続人になります。このケースでは、妻、子供（男）、子供（女）の子（つまり孫）の3人が相続人になります。

他界した人の子供が他の人の養子になっているケース

図13

配偶者である妻は相続人になります。子供は全て相続人になりますので、他の人の養子（普通養子。詳しくは下段・養子の欄を参照）になっている子供も、相続人になります。このケースでは、妻、子供（女・男両方）の3人が相続人になります。

養子

養子には、普通養子と特別養子の2種類があります。養子と言ったとき、ほとんどの場合で、普通養子を指します。普通養子の場合には、他の人の養子になった場合でも、実の両親との親族関係は変わりませんので、実の両親の相続人、養親の相続人の両方に該当します。

相続人調査の方法

相続人を調べるには、他界した人の戸籍を、死亡からさかのぼり、出生までの記録を確認します。

本籍地を他の場所へ移したり、また婚姻などがあると、別の戸籍が新しく作成されますが、元の戸籍の全ての情報がそこへ移記されるわけではありません。そのため、相続人を調べるためには、本籍地を他の場所へ移す前、婚姻などの前、の元の戸籍も調べる必要があります。

財産分けの話合い―進め方

登場人物・物の調査が終わったら、相続人全員で、誰がどの財産をもらうか、話合いを行います。後日トラブルにならないよう、話合いの結果、相続人全員が合意した内容（誰がどの財産をもらうか）を書面に記載し、相続人全員が署名押印します。この財産分けの話合いを遺産分割協議といい、書面を遺産分割協議書といいます。

この財産分けの話合いは、相続人全員が合意する必要があります。したがって、相続人が1人でも反対している場合には、財産分けの合意ができません。財産分けの話合いが相続人間でまとまらない場合には、家庭裁判所の調停・審判で解決する方法もあります。

財産分けの話合いがまとまらない状態でも、相続税の手続を進めること自体はできます。ただ、財産分けの話合いがまとまらない場合、相続税の特例が受けられないなどのデメリットがあり、相続税の手続を行う必要がある場合、多くは、相続税の手続の締切期限（他界日から10ヶ月後）までに財産分けの合意がされます。

財産分けの話合いがまとまらないようとしても、共有している人全員が合意しなければ売却できません。つまり、共有している財産は、売却などの際に、反対する人が財産を共有している状態となります。

相続人全員が共有している状態となります。財産を共有している場合、その財産を売却分割（分割協議が完了していないという意味）と呼びます。未分割の相続財産は、法律上、

遺産分割協議書

被相続人相続太郎（平成24年1月1日死亡、本籍地東京都世田谷区用賀4丁目***）の遺産については、同人の相続人の全員において分割協議を行った結果、各相続人がそれぞれ次の通り遺産を分割し、取得することに決定した。

1. 相続人相続一朗が取得する財産
 (1) 土 地
   所 在 東京都世田谷区用賀4丁目
   地 番 ****番**
   地 目 宅地
   地 積 200.00 ㎡
   ⋮

2. 相続人相続二朗が取得する財産
   ⋮

 前記の通り相続人全員による遺産分割の協議が成立したので、これを証するための本書を作成し、以下に各自署名押印する。
 平成24年4月10日

【相続人相続一朗】
住所　東京都世田谷区用賀4丁目***
氏名　相続一朗　印

【相続人相続二朗】
住所　東京都新宿区下落合2丁目***
氏名　相続二朗　印

図14

第1編　ポイント理解編

ポイント

- 遺言がない場合、相続人全員で財産分けの話合いをします。
- 遺言がある場合、遺言に従って財産分けを行います。
- 相続税の手続が必要な場合、財産分けの合意ができていないと、相続税の特例（配偶者税額軽減、小規模宅地特例）が適用できません。

1人でもいると財産全体で売却できないという不都合があります。また、共有している人が他界すると、その人の相続人がその共有の持分を相続しますので、共有する人の数が、時の経過とともに増えていく可能性があります。共有する人の数が増えるほど、意見をまとめるのは難しくなります。

相続税の手続が必要な場合、未分割の状態では、相続税の特例（配偶者の税額軽減、小規模宅地特例など。詳しくは「第3部　相続のゼイキン（相続税）」で学びます）が適用できません。したがって、未分割の場合、その分だけ（数百万円以上になる可能性があります）相続税を多く納めなければなりません。

このように財産分けの話合いがまとまらないとデメリットが大きいので、なるべく早くまとめたほうが良いといえます。

ここまで財産分けの話合いについて学んできました。そして財産分けの話合いがまとまらないと、デメリットが大きいことを学びました。この財産分けの話合いを行わずに、相続の手続を終わらせる方法があります。それが遺言です。

他界した人は生前に、遺言で相続財産について、誰がどの財産をもらうかを指示することができます。この場合には、財産分けの話合いを経ずに、遺言に従って、相続財産をもらう人が決まります。したがって、遺言がある場合には、財産分けの話合いをせずに、相続の手続を終わらせることができます。

財産分けの話合い

- 遺言なし：法定相続分
  ⇒相続人全員で財産分けの話合いを行い、合意する（遺産分割協議）
  ⇒話合いがまとまらない場合、家庭裁判所の調停・審判も選択肢となる

- 遺言あり：遺留分（通常、法定相続分の半分）
  ⇒遺言に従って、財産分けを行う

図15

遺言の種類

法律上認められる遺言は、公正証書遺言、自筆証書遺言、秘密証書遺言の3つです。

公正証書遺言とは、公証人が遺言者の口述を筆記して作成する遺言です。この遺言については、遺言者が他界した後、最寄りの公証役場でその有無、内容について確認ができます。

自筆証書遺言は、遺言者が全文、日付、氏名を自書し、かつ押印をした遺言です。公証役場には保管されていませんので、自宅金庫などを探すことになります。発見した場合には家庭裁判所の検認手続が必要です。

秘密証書遺言は、遺言者が、遺言の内容を記載した書面に署名押印をした上で、これを封じ、遺言書に押印した印章と同じ印章で封印した遺言で、ほとんど利用されていません。こちらも自筆証書遺言同様、自宅金庫などを探し、発見した場合、家庭裁判所の検認手続が必要です。

財産分けの話合い ― 内容

財産分けの話合いの進め方について学んできましたが、次に財産分けの内容について学んでいきましょう。財産分けの話合いの内容とは、誰がどのように財産をもらうのかということです。

結論からいえば、財産分けの話合いで相続人全員が合意すれば、どのように財産を分けるかは自由です。1人の相続人が全ての財産をもらい、他の相続人は全く財産をもらわない、とする合意もできますし、また相続人全員が均等に財産をもらうという合意もできます。相続人全員の意思により合意された財産分けの結論については、相続人全員の意思であるので、どのように財産を分けようと認められるということです。

ただし、遺言に従って財産を分ける場合には事情が異なります。財産分けの話合いによる合意は相続人全員の意思に基づく結果ですが、遺言は他界した人の意思だけに基づいて作成するもので、遺言は相続人の意思は反映されていないと

```
┌─ 財産分けの話合い ─┐
│ ●遺言なし：法定相続分
│   ⇒相続人全員で財産分けの話合
│     いを行い、合意する（遺産分
│     割協議）
│   ⇒話合いがまとまらない場合、
│     家庭裁判所の調停・審判も選
│     択肢となる
│ ●遺言あり：遺留分（通常、法
│   定相続分の半分）
│   ⇒遺言に従って、財産分けを行
│     う
└──────────────┘
```
図16

いう違いがあるためです。遺言に従って財産を分ける場合、相続人の1人だけに相続財産の全てを相続させると遺言で指示されているケースのように、相続人の間で明らかに不公平となる可能性があります。

これを防ぐため、相続人には、遺言があっても相続財産の一定割合をもらえる権利が法律上認められています。この一定の割合を遺留分（いりゅうぶん）と呼びます。遺留分は配偶者、子供、両親には認められていますが、兄弟姉妹には認められていません。

少し具体的な例で考えてみます。1人の相続人に全ての財産を相続させる旨、遺言で指示されていた場合を考えてみます。遺言がありますので財産分けの話合いを経ずに、遺言に従い全ての相続財産は1人の相続人（仮に太郎さんとします）がもらいます。財産の名義変更を行い、これで相続の手続は完了します。この場合に、相続財産をもらった人以外の相続人（太郎さん以外の相続人）は太郎さんに対して、遺留分の財産を渡すように主張できる権利があります。あくまで権利なので主張しないこともできます。主張した場合、遺留分の減殺請求と呼びます。太郎さんは遺留分の財産を渡す必要があります。

遺留分は、通常、法定相続分（ほうていそうぞくぶん）の2分の1です。法定相続分とは、財産分けの話合いをする際に、財産分けの基準となる一定の割合です。財産分けの話合いで誰がどの財産をもらうかは自由に相続人全員できめることができますが、法律上は法定相続分という、財産分けの基準となる一定の割合を設けています。法定相続分は、次のケースごとに決まっています。

ポイント

● 遺言がない場合、財産分けの話合いで決めます。法定相続分という基準はありますが、どのように分けるかは自由です。
● 遺言がある場合、遺言に従って財産分けを行います。ただし、相続人には遺留分という権利があります。

(1) 相続人が子供であるケース
配偶者2分の1、子供2分の1

(2) 相続人が親であるケース
配偶者3分の2、親3分の1

(3) 相続人が兄弟姉妹であるケース
配偶者4分の3、兄弟姉妹4分の1

これらケースで、子供、親、兄弟姉妹が1人でない場合には、それぞれで均等に分けたものが法定相続分となります。わかりにくい部分ですので、具体的なケースで少し考えてみます。

図17

(1) 相続人が配偶者、子供2人のケース
相続人が配偶者と子供2人である場合、配偶者の法定相続分は2分の1、子供(合計)の法定相続分は2分の1です。このケースでは子供2人ですので、子供(合計)の法定相続分を2人で割ります。それぞれの子供の法定相続分は4分の1(=2分の1÷2人)となります。
なお、遺留分について計算すると、配偶者4分の1(=2分の1×2分の1)、それぞれの子供8分の1(=4分の1×2分の1)となります。

(2) 相続人が子供3人のケース
配偶者がいませんのでそれぞれの子供の法定相続分は3分の1(=1分の1÷3人)です。なお、実子と養子とで法定相続分に違いはありません。
遺留分について計算すると、それぞれの子供は6分の1(=3分の1×2分の1)となります。

図18

財産の名義変更

相続は、財産の持ち主が他界したため、新しい持ち主を決める手続です。財産分けの話合いで、または遺言に従って、誰がどの財産をもらうか決まったら、財産の名義をもらう人に変更します。ここでは財産の名義をもらう人に変更する手続について学びます。なお、相続・贈与・売買は全て新しい持ち主に財産の名義を変更する手続ですので、新しい持ち主に財産の名義を変更することは相続特有のことではなく、贈与・売買でも同様に財産の名義変更を行います。

（土地・建物）

土地・建物を相続でもらった人が名義変更するには、法務局で登記手続をしなければなりません。登記手続を行う場合には、他界した人の戸籍（出生から他界までのもの）、遺産分割協議書、固定資産税評価証明などの資料が必要です。また、登記手続をする際には、登録免許税（相続の場合、固定資産税評価額×0.4％）がかかります。

登記手続は自分で行うこともできますし、司法書士に依頼することもできます。司法書士に依頼する場合には、登録免許税とは別に、司法書士報酬が必要になります。

不動産の登記手続に必要な書類、法務局の場所などについては、法務局ウェブサイトで確認できます。

なお、相続で借地権をもらった場合、借地権は多くのケースで登記されていないため、登記手続は必要ありません（建物の名義変更は、登記手続が必要です）。土地の貸主に相続があったことを通知し、土地賃貸借契約の借主を変更します。

（有価証券）

上場株式、債券などの有価証券は、証券会社で名義変更する必要があります。他界した人の戸籍（出生から他界までのもの）、遺産分割協議書、印鑑証明などが必要となりますが、具体的な必要資料については、手続する証券会社に確認する必要があります。

（預貯金）

預貯金を相続でもらった人は、その金融機関で手続をする必要があります。預貯金の名義変更をすることも可能ですが、通常は、他界した人名義の預貯金は解約し、相続でもらった人名義の預貯金口座へ振り込むことが多いと思います。

手続にあたっては、他界した人の戸籍（出生から他界までのもの）、遺産分割協議書、印鑑証明などが必要ですが、手続する金融機関に具体的な必要書類については、確認する必要があります。

相続税の延納・物納と名義変更

相続税を延納・物納する場合（詳しくは「第3部 相続のゼイキン（相続税）」で学びます）、担保財産、物納財産については、他界した日から10ヶ月以内に、原則、名義変更をする必要があります。

ポイント

● 財産分けの話合い、または遺言によって財産分けが決まったら、財産ごとに名義変更をします。
● 名義変更には、特に期限はありません。

22

第2部 ポイント

相続のキマリ（民法）全体像

相続のキマリ（民法）全体像

ステップ① 登場人物・物の調査
(1) 相続財産の調査
(2) 相続人の調査

ステップ② 財産分けの話合い
(1) 遺言がない場合 － 財産分けの話合い（遺産分割協議）：法定相続分
(2) 遺言がある場合 － 遺言による財産分け：遺留分

ステップ③ 財産の名義変更

登場人物・物の調査

登場人物・物の調査

(1) 相続財産の調査
- ●範囲　他界した人の財産・債務
- ●評価　他界した日の時価（相続税評価）

(2) 相続人の調査
- ●配偶者
- ●次の親族
  ① 子供がいる場合　子供（子供が他界している場合、孫）
  ② 子供がいない場合　両親
  ③ 子供、両親ともにいない場合　兄弟姉妹

財産分けの話合い

財産分けの話合い

(1) 遺言がない場合
相続人全員で財産分けの話合い
どのように財産分けするかは自由
ただし、法定相続分という一応の基準あり

法定相続分
- ●子供が相続人の場合
  配偶者2分の1、子供（全員で）2分の1
- ●両親が相続人の場合
  配偶者3分の2、両親（全員で）3分の1
- ●兄弟姉妹が相続人の場合
  配偶者4分の3、兄弟姉妹（全員で）4分の1
  ※子供、両親、兄弟姉妹が複数の場合、
  　原則として均等の割合で分ける

(2) 遺言がある場合
遺言による財産分け
ただし、遺留分あり（兄弟姉妹以外）
遺留分は、原則、法定相続分の2分の1

贈与税の仕組み

この本は相続について学ぶことをテーマにしていますので、贈与を学ぶことは直接の目的としていません。したがって、贈与税について深く学ぶことはしませんが、相続のゼイキン（相続税）を理解する上で、贈与税のポイントは学んでおく必要があります。ここでは、相続のゼイキン（相続税）を理解する上で必要な、贈与税のポイントを学びます。贈与税は、財産をもらった人（贈与を受けた人）が払う税金です。贈与税の計算方法は2つあり、1つは暦年課税制度で、もう1つは相続時精算課税制度です。贈与税の計算方式は、原則は暦年課税制度の条件を満たす場合に、相続時精算課税制度が選択できます。暦年課税制度、相続時精算課税制度ともに、贈与税は毎年1月1日から12月31日までの1年間を計算期間とし、その期間に贈与を受けた財産の金額（贈与時点での時価）を合計して贈与税を計算します。

① 暦年課税制度

1年間に贈与を受けた財産を合計し、その金額が贈与税の基礎控除（110万円）以下であれば、贈与税はかかりません。110万円を超えた場合、超えた金額に対して、贈与税がかかります。暦年課税制度の贈与税は、下の速算表（図1）を用いて計算されます。

例えば、平成23年1月1日に父親から200万円の現金、平成23年10月1日に祖父から300万円の現金、の贈与を受けた場合を考えます。平成23年1年間に、500万円（＝200万円＋300万円）の贈与を受けています。贈与額合計500万円から基礎控除110万円を控除した残額390万円に対して、速算表で贈与税を計算します。390万円は「400万円以下」に該当しますので、税率20％、控除額25万円となります。したがって、贈与税は53万円（＝390万円×20％−25万円）となります。

② 相続時精算課税制度

両親（贈与年の1月1日現在で65歳以上）から子供（贈与年の1月1日現在で20歳以上）への贈与については、相続時精算課税制度を選択できます。相続時精算課税制度の選択単位は、贈与者・受贈

贈与税の速算表

基礎控除後の課税価格	税率	控除額
200万円以下	10%	−
300万円以下	15%	10万円
400万円以下	20%	25万円
600万円以下	30%	65万円
1,000万円以下	40%	125万円
1,000万円超	50%	225万円

図1

課税制度の適用を開始しましたので、2,500万円までは贈与税はかかりません。平成23年中の贈与合計額は2,000万円なので、贈与税は0円となります。平成24年の贈与ですが、500万円（＝2,500万円－2,000万円）までは贈与税はかかりません。相続時精算課税制度は2,500万円までは贈与税はかかりませんが、これは相続時精算課税制度を適用してから、その贈与者・受贈者間での贈与合計額が2,500万円までは贈与税がかからないという意味です。毎年2,500万円まで贈与税がかからないという意味ではありません。したがって、平成24年では、平成23年に2,000万円贈与を受けていますので、残額500万円までは贈与税はかかりません。平成24年の贈与は100万円（＝1,000万円－500万円）×20％）となります。

ば、父が子供に土地を生前に贈与したケースを考えます。父が他界した場合、贈与した土地は既に子供の持ち物ですので、父の他界した時点では父の財産ではありません。このため、生前贈与財産は相続税の対象には、原則、なりません。

ただし、相続直前の一定期間（3年間）に、贈与をした場合（相続・遺贈）には、暦年課税制度を適用する贈与の場合は、相続税の対象となります。これらの生前贈与しており、他界した時点では相続財産ではないのですが、相続時精算課税制度を適用した生前贈与財産は全て、相続税の対象となることになります。

相続時精算課税制度を適用した贈与財産は、全て相続税の対象となります。この制度を適用する贈与の場合は、暦年課税制度を適用していても、相続時精算課税制度を適用していても、注意が必要です。相続時精算課税制度を適用した生前贈与財産は全て、相続税の対象となりますので、注意が必要です。

③ 比較

暦年課税制度は、贈与の際に贈与税金がかかる代わりに相続税はかからない制度、相続時精算課税制度は、贈与の際には贈与税は少なくて済む代わりに全て相続税の対象となります、ということになります。

者ごとです。具体的には、両親と長男・次男のケースでは、父親と長男、父親と次男、母親と長男、母親と次男、それぞれ別に相続時精算課税制度を選択することができますので、父親から長男への贈与のみ相続時精算課税制度を適用し、他は暦年課税制度で贈与税を計算する、ということもできます。なお、相続時精算課税制度を一度適用すると、将来、選択した贈与者・受贈者間の贈与については、暦年課税制度は適用できず、その後、選択した贈与者・受贈者間の贈与については生涯にわたって相続時精算課税制度で贈与税が計算されることになります。相続時精算課税制度は、累積の贈与額が2,500万円までは贈与税はかかりません。2,500万円を超えた場合、その超えた分に対して一律20％の贈与税がかかります。

平成23年に相続時精算課税制度を適用し、平成23年12月31日に父親から長男への贈与（2,000万円の現金）を行い、平成24年12月31日に父親から長男へ贈与（1,000万円の現金）を行ったケースを考えます。平成23年は、相続時精算課税制度を適用した贈与・財産は、原則、相続税の対象となりません。例え

第3部 相続のゼイキン（相続税）

相続税の手続が必要な人は？

相続のゼイキン（相続税）の手続は、他界した人の財産が、一定の金額（基礎控除）を超える場合にのみ、必要となります。相続税の基礎控除は、5,000万円＋1,000万円×法定相続人の数、で計算されます。

相続税の手続が必要である場合、他界した日から10ヶ月以内に、(1)相続税申告書を作成して相続税を計算し、(2)その相続税を原則、現金で一括納付しなければなりません。

相続税申告書を完成する前に、通常、財産分けの合意をし、遺産分割協議書を作成します。これは財産分けの合意ができていないと、相続税を少なくできる特例（配偶者の税額軽減、小規模宅地特例）が適用できないためです。したがって、相続税の手続が必要な場合には、他界した日から10ヶ月後までに、相続のキマリ（民法）ステップ①②、および相続のゼイキン（相続税）の手続、全てを完了させる必要があります。相続のスケジュールに影響があるという意味で、相続税の手続が必要かどうかの判断は、はじめに行う必要があります。

基礎控除の金額は、法定相続人が何人であるかわかれば計算できます。つまり、相続のキマリ（民法）ステップ①相続人調査が終われば計算できます。

他界した人の財産も、相続のキマリ（民法）ステップ①相続財産調査が終われば計算できます。なお、相続のキマリ（民法）ステップ①相続財産調査で作成する財産目録は、相続税の対象となる財産、および相続税評価額で作成しておいたほうが便利です。それは、相

養子と基礎控除

養子は子供であり、法定相続人です。

そのため、養子を増やすと法定相続人が増え、その分、基礎控除も増えます。基礎控除が増えれば、相続税の対象となる財産が減ります。そのような節税を防ぐため、基礎控除の計算上、法定相続人の数に含められる養子の数には次のような上限が設けられています。

・実子がいない場合……2人
・実子がいる場合……1人

相続税の手続が必要である場合

他界した人の財産 ＞ 基礎控除

他界した人の財産が、一定の額（基礎控除）を超えるケース
（わかりやすく言えば、他界した人が一定の額（基礎控除）を超えるお金持ちであるケース）

ポイント
- 他界した人の財産は、他界した日の時価で計算する
- 他界した人に借金など債務がある場合は、財産から債務を控除した残額が財産となる
- 基礎控除は次の計算式で算定する

基礎控除＝
5,000万円 ＋ 1,000万円×法定相続人の数
法定相続人は、法律上、相続する権利のある人をいう

図1

第1編　ポイント理解編

> **ポイント**
> ● 相続税の手続は、他界した人の財産が、基礎控除を超えた場合に必要となります。
> ● 基礎控除は、5,000万円＋1,000万円×法定相続人の数、で計算されます。
> ● 基礎控除の金額は、相続税増税が行われると、3,000万円＋600万円×法定相続人の数、に引き下げられる可能性があります。

続税の手続が必要かどうか判断する際に、そのように作成しておいたほうが計算しやすいですし、また、財産分けの話合いも、多くの場合には、相続税評価額を基に行うことが多いからです。

相続税以外に、他界した人の所得税の確定申告・準確定申告が必要となる場合があります。所得税の確定申告・準確定申告が必要かどうか、と相続税の手続が必要かどうかとは、関連がありません。所得税の確定申告が必要でも、所得税の確定申告・準確定申告が不要なケースもあれば、逆のケース、両方とも必要なケースもあります。所得税の確定申告・準確定申告の期限は、他界した日から4ヶ月後となっています。

なお、所得税確定申告・準確定申告により、所得税を納める必要がある場合、その納めるべき所得税の金額は、相続税の計算上、債務として相続財産から控除されます。また、所得税確定申告・準確定申告により、所得税が還付される場合、その還付される所得税の金額は、相続財産（未収金）として相続税の対象となります。

「第3部　相続のゼイキン（相続税）」では、相続税の金額がどのように計算されるのか、その具体的な計算プロセスは複雑ですので、学びません。相続税の手続が必要かどうかの判断、相続税の対象となる財産、相続税の優遇措置、相続税の納め方、について理解できれば、相続税の手続が必要かどうかのポイントはおさえたといえるでしょう。相続税の金額の計算は、これらのポイントが理解できたら、具体的な情報（相続人の数、財産評価の金額など）を添付エクセルファイル「相続税概算試算」に入力すれば、自動で行われます。その結果のみ把握すれば、相続税の金額の計算方法を理解しなくとも、十分でしょう。

社会保障・税一体改革と相続税増税

政府が検討している社会保障・税一体改革では、消費税だけでなく、相続税の増税も予定されています。その相続税増税には基礎控除の引下げが含まれ、具体的には、基礎控除を3,000万円＋600万円×法定相続人の数、に引き下げることが予定されています。

父、母、子供2人の家族で、父が他界した場合、基礎控除は現行8,000万円ですが、改正後は4,800万円（＝3,000万円＋600万円×3）になります。

母、子供2人の家族で、母が他界した場合、基礎控除は現行7,000万円ですが、改正後は4,200万円（＝3,000万円＋600万円×2）となります。

したがって、この相続税増税が実施されると、相続税の手続が必要な人が増える結果となります。なお、この相続税増税は、平成27年1月1日以降の相続について適用することを検討しています。

相続税の対象となる財産

相続税の対象となる財産は、他界した人の持っていた財産、つまり相続財産です。ここでポイントとなるのは、(1) その相続税の対象となる財産の範囲、(2) 相続税における財産の評価、です。

相続税の対象となる財産の範囲ですが、法律上の相続財産だけでなく、死亡保険金・死亡退職金、一定の生前贈与財産も含まれます。また、他界した人の住宅ローンなど債務、葬式費用は、相続税の対象となる財産から差し引いて相続税を計算します。

相続税を計算する場合の財産の評価ですが、他界した日を基準として、時価で計算を行います。この時価は、実務上、国税庁が公表している財産評価基本通達というルールに従って計算したものを用いています。主な財産ごとに財産の評価の方法を次に学びます。

(土地)

相続税の計算上、土地の時価は、路線価に、土地面積（㎡）を掛けたもの、を基礎に一定の調整を行い、計算します。この路線価とは、道路（路線）に面する標準的な土地の1㎡当たりの地価を表したもので、国税庁が毎年公表しています（図2）。なお、路線価は、国税庁のホームページで調べられます。

(建物)

建物の時価は、建物の固定資産税評価額となります。固定資産税評価額は、毎年送付されている固定資産税課税明細額で調べられます。

（路線価図の一部、国税庁ホームページより）

点線で囲まれた土地「480C」の道路（路線）に接している
⇒ 点線で囲まれた土地の1㎡当たりの地価は480 千円
（路線価は、千円単位で記載されています）

点線で囲まれた土地面積が200㎡である場合

点線で囲まれた土地の相続税評価額は、96,000,000 円（＝ 480 千円×200 ㎡）を基礎に一定の調整を行ったものとなります。

図2

家屋番号	種類・用途	構造	地上	登記床面積 ㎡	価格 円	固定課税標準額 円
	建築年次	屋根	地下	現況床面積 ㎡		都計課税標準額 円
1－1－1	居宅	木造	2	100.00		6,000,000
	平 8年	瓦葺	0	100.00	6,000,000	6,000,000

（固定資産税課税明細の一部　東京都主税局ホームページより）

この建物の固定資産税評価額は、「価格」部分に記載されています。
建物の相続税評価額＝固定資産税評価額＝価格＝6,000,000円

図3

第1編 ポイント理解編

ポイント

- 相続税の対象となる財産は、相続財産（債務を含みます）、死亡保険金・死亡退職金（非課税となる部分を除きます）、一定の生前贈与財産です。
- 相続税の計算上、相続財産は時価で計算します。時価は国税庁が作成したルール「財産評価基本通達」によって算定します。

れてくる固定資産税通知書に添付されている課税明細、または都税事務所・市役所などで入手できる名寄帳で確認できます。なお、建物を賃貸している場合、固定資産税評価額に70％を掛けた金額が時価となります。

（預貯金）

預貯金は、他界した日の残高が時価となります。

（死亡保険金・死亡退職金）

他界した人に生命保険をかけていた場合で、保険金を遺族が受け取る場合、その死亡保険金は、法律上は相続財産ではありません。ただ、相続税の計算上は、相続財産となります。

死亡保険金・死亡退職金の非課税枠
死亡保険金・死亡退職金ともに、一定の金額までは相続税がかかりません。この一定の金額は、500万円×法定相続人の数、で計算されます。この一定の金額までは、死亡保険金・死亡退職金は、それぞれ相続税の対象から除かれます。

退職金も同様で、死亡退職金の受取人が遺族である場合、法律上は相続財産ではありませんが、相続税の計算上は、相続財産の対象となります。

（生前贈与財産）

他界した人が生前に贈与した財産は、他界した時点では他界した人の持ち物ではないので、法律上は相続財産ではありません。ただし、相続税の計算上は、生前贈与財産であっても次のものは相続税の対象となります。

①生前贈与財産（暦年課税制度）で、他界する前3年間に、相続で財産をもらった人へ贈与したもの

②生前贈与財産（相続時精算課税制度）財産をもらった人には贈与税がかかります。贈与税は、原則、暦年課税制度という方法で計算されます。また、一定の条件を満たす場合には、相続時精算課税制度を選択し、贈与税を、計算することができます。

暦年課税制度による贈与については、原則、贈与財産は相続税の対象となりません。ただし、他界する前3年間に贈与をした場合には、その生前贈与財産は相続税の対象となります。これは、他界する直前にかけこみで贈与し、相続税を逃れるのを防ぐため、そのような仕組みとなっています。

なお、相続税の対象となる生前贈与財産の評価は、他界した日の時価ではなく、生前贈与時の時価になります。

（債務・葬式費用）

他界した人に債務があった場合、その債務は相続税の計算上、財産から差し引きます。債務の具体例としては、住宅ローン、アパートローン、未払固定資産税・都市計画税、未払医療費、未払所得税、未払住民税などです。未払いかどうかの判断は、他界した日の時点において未払いかどうかで判断します。

他界した人の葬式費用も、債務と同じく、相続税の計算上、財産から差し引きます。

相続税の優遇措置

相続税は、他界した人が一定以上のお金持ちである場合に、相続財産を対象としてかかる税金です。相続税にも特例制度があり、主なものとして、小規模宅地等の特例と配偶者の税額軽減があります。ここでは、この2つの相続税の特例制度について学びます。

小規模宅地等の特例

小規模宅地等の特例は、一定の条件を満たす土地を相続でもらう場合、その土地の評価を低くする（したがって、その分、相続税が少なくなる）、相続税の特例制度です。小規模宅地等の特例が適用される土地には、居住用・事業用のものがありますが、ここでは他界した人が住んでいた居住用土地に限定して学びます。

他界した人が住んでいた土地について、その土地に親族の方が相続後も住み続ける場合などは土地を売却するわけではありません。そのような土地に対して、現預金など他の財産と同様に相続税をかけるのは酷でしょう。それは他の財産は売ればお金になりますが、住み続けて売らない土地はお金になるわけではないからです。そのような考え方から、他界した方が住んでいた一定の土地については、小規模宅地等の特例が適用され、相続税が軽減されます。

居住用土地に小規模宅地等の特例が適用された場合、上限240㎡までの面積について、その相続税の評価額の80％をマイナスした金額（つまり、相続税の評価額の20％の金額）で、相続税が計算されます。他界した人の居住用土地として小規模宅地等の特例が適用される条件は次の通りです。

建物
他界した人が住んでいた

土地
土地評価80％マイナス（上限240㎡）

図4

小規模宅地等の特例にあたり、他界した人が住んでいたかどうかの判断が1つのポイントになります。ここで、病院へ入院し病院で他界したケース、民間老人ホームへ入所し老人ホームで他界したケースを考えてみます。まず、病院への入院ですが、自宅から病院への移転は一時的なものと考え、住まいは従前の自宅と判断するのが税務署の取扱いになっています。民間老人ホームへ入所した場合で

相続でもらう人	小規模宅地等の特例の適用条件
他界した人の配偶者	適用要件はありません
他界した人と 同居していた子供	他界した日から10ヶ月間、 引き続き、自宅建物に住み、 かつ、その自宅土地を持って いること
他界した人と同居 していない子供	次の全ての条件を満たしていること ●他界した人の配偶者、 　相続直前において他界した人と 　同居していた子供がいないこと ●他界した人の子供で、相続前3年 　以内に自分または自分の配偶者が持つ 　建物に住んだことがないこと ●他界した日から10ヶ月間、その自宅 　土地を持っていること

図5

配偶者の税額軽減

他界した人の配偶者が相続で財産をもらう場合には、1億6千万円、または法定相続分のいずれか大きい金額まで、配偶者は相続税がかかりません。これを配偶者の税額軽減といいます。配偶者の財産は夫婦共同で稼いだものですから、配偶者から相続で財産をもらうときに、通常通り相続税をかけるのは酷でしょうという考えによるものです。

なお、配偶者の税額軽減を適用する場合には、(1) 相続税申告書を作成し、この特例の適用を受ける旨記載して提出すること、(2) 相続税申告期限までに財産分けの話合いが合意できていることが、必要です。

は、住まいは自宅から民間老人ホームへ移ったと基本的に税務署は判断しているようです。したがって、他界した人が他界する直前に民間老人ホームに入所していた場合には、自宅土地に小規模宅地等の特例を適用することは難しいと考えたほうがよいでしょう。

また、他界した人と同居、という点も小規模宅地等の特例でのポイントの1つとなります。この同居について、二世帯住宅をどのように取り扱うか考えてみましょう。二世帯住宅にも共用部分があるものや、完全に独立した構造となっているものなど、いろいろなタイプのものがあります。小規模宅地等の特例の適用においては、二世帯住宅のうち (1) 共用部分があるタイプのものは、親と子供とは同一の建物に同居として判断、(2) それぞれ玄関、トイレ、浴室、キッチンがある構造の場合(完全分離型とも呼ばれます)で、内部で行き来ができないもの(内部で行き来ができるドアがないもの)は同居と判断しない、取扱いになっています。つまり、内部にドアがない完全分離型の二世帯住宅の場合で、親世帯と子世帯に別れて生活している場合、他界した親と子供とは同居しているとは判断されないこととなります。

なお、小規模宅地等の特例を適用する場合には、(1) 相続税申告書を作成し、この特例の適用を受ける旨記載して提出すること、(2) 相続税申告期限までに財産分けの話合いが合意できていることが、必要です。

ポイント

● 小規模宅地等の特例
他界した人が住んでいた土地については、子供が同居していたなどの条件を満たす場合、相続税が軽減(240㎡を上限として、土地評価80％減額)されます。

● 配偶者の税額軽減
他界した人の配偶者が、相続で財産をもらう場合、一定の金額(1億6千万円、または法定相続分のいずれか大きい金額)までは相続税がかかりません。

● 特例の適用条件
小規模宅地等の特例、配偶者の税額軽減ともに、相続税申告期限(他界日から10ヶ月後)までに、(1) 相続税申告を行い、特例を適用する旨記載すること、(2) 財産分けの話合いが合意できていること、が必要です。

相続税の納め方

相続税の手続が必要な場合、他界した日から10ヶ月後が、締切期限となります。したがって、他界した日から10ヶ月後までに、相続税申告書を作成し、税務署へ提出しなければなりません。計算された相続税の金額は、他界した日から10ヶ月後までに、現金で一括して納めるのが原則です。

10ヶ月後までに現金で一括して相続税を納められない場合、相続税の延納や物納を検討することになります。延納とは相続税を分割払いすることで、物納とは相続税を相続財産現物で納めることを言います。

相続税を10ヶ月後に現金で一括して納めるよりは、延納や物納で納めたほうが資金繰りの観点からはメリットがあるかもしれません。ただ、相続税の延納や物納は、一定の条件を満たしている場合のみ選択できますので、常に延納や物納が選択できるというわけではありません。また、延納する場合には、利息（利子税と呼ばれます）がかかりますし、

税務署へ担保を提供しなければなりません。物納を選択できた場合でも、物納できる財産の順位が決まっていますし、物納するときの価格は相続税評価額ですので、売却したほうが有利のケースもあります。相続税申告書を作成することも重要ですが、相続税をどのように納めるかという点も重要なポイントですので、慎重に検討する必要があります。

相続税の延納

現金納付が困難である理由があり、延納が認められた場合、延納期間は最長で20年となります。つまり、相続税を最長20年間の均等分割払いにできる、ということで

> **相続税の納め方**
> 他界した日から10ヶ月後までに、現金で一括納付
> ↓ 現金納付が困難である理由がある場合
> 延納　ただし、利子税、担保提供あり
> ↓ 延納によっても現金納付が困難である理由がある場合
> 物納　ただし、物納財産の順位あり
> 　　　また、相続税評価額により物納

図6

1 延納することができる金額（延納許可限度額）の計算方法

	①	納付すべき相続税額
現金納付額	②	納期限において有する現金、預貯金その他の換価が容易な財産の価額に相当する金額
	③	申請者および生計を一にする配偶者その他の親族の3ヶ月分の生活費
	④	申請者の事業の継続のために当面（1ヶ月分）必要な運転資金（経費等）の額
	⑤	納期限に金銭で納付することが可能な金額（これを「現金納付額」といいます）（②－③－④）
	⑥	延納許可限度額（①－⑤）

2 物納することができる金額（物納許可限度額）の計算方法

	①	納付すべき相続税額
	②	現金納付額（上記1の⑤）
延納によって納付することができる金額	③	年間の収入見込額
	④	申請者および生計を一にする配偶者その他の親族の年間の生活費
	⑤	申請者の事業の継続のために必要な運転資金（経費等）の額
	⑥	年間の納付資力（③－④－⑤）
	⑦	おおむね1年以内に見込まれる臨時的な収入
	⑧	おおむね1年以内に見込まれる臨時的な支出
	⑨	上記1の③および④
	⑩	延納によって納付することができる金額 ｛⑥×最長延納年数＋（⑦－⑧＋⑨）｝
	⑪	物納許可限度額（①－②－⑩）

図7

相続税の物納

ポイント
- 相続税は、原則として、他界した日から10ヶ月後までに、現金で一括して納付する必要があります。
- 相続税を現金で一括して納めることが困難である場合、延納が認められることがあります。延納の場合には、最長20年の分割払いになりますが、利息（利子税）と担保提供が必要となります。
- 相続税を延納によっても現金で納めることが困難である場合、物納が認められることがあります。ただ、物納できる財産には順序があり、また物納の価格は相続税評価額となります。

相続税の延納は、税務署から相続税を借りている状態と同じですから、利息（利子税）と担保提供が必要になります。

延納ができるかどうかは、図7に従って延納許可限度額を計算し、その限度内で延納が認められることになります。この計算式からわかるように、相続人自身に多額の現預金がある場合、相続財産として多額の現預金がある場合などは、延納が認められる限度額は少なくなります。

延納によっても現金納付が困難である理由があり、相続税の物納が認められた場合、相続財産の中から物納を行います。税務署は物納された財産を売却してその代金を回収します。したがって、物納できる財産は、売却しやすい財産に限定されています。例えば、担保権が設定されている不動産、共有されている不動産は物納することができません。

物納ができるかどうかは、図7に従って物納許可限度額を計算し、その限度内で物納が認められることになります。

なお、物納されるときの金額ですが、相続税評価額で行われます。例えば、相続税の金額が2,000万円で、全額物納が認められたケースを考えます。相続した土地（時価2,500万円、相続税評価額2,000万円）を物納する場合、物納されるときの価格は相続税評価額2,000万円であって、時価2,500万円ではない点には注意する必要があります。

ります。

多くのケースでは、物納の条件を満たすことができず、現金で一括して納付することは難しいと思います。現金で一括して納付できない場合、延納を選択し、相続税の手続後、土地などを売却して、その売却代金で延納を繰上返済するケースが多いでしょう。

なお、土地などを売却した場合、売却益に対して所得税がかかりますが、相続した土地などを相続税申告期限（他界日から10ヶ月後）から3年以内に売却した場合には、その所得税が軽減される特例があります。したがって、相続した土地などを売却する場合には、土地の地価動向を判断しながら、相続税申告期限から3年以内という期限を1つの目安にすることが多いでしょう。

第3部 ポイント

相続税の手続が必要か否か判断

相続税の手続が必要である場合

他界した人の財産 ＞ 基礎控除
　他界した人の財産が、一定の額（基礎控除）を超えるケース
　（わかりやすく言えば、他界した人が一定の額（基礎控除）を超えるお金持ちであるケース）

ポイント
- 他界した人の財産は、他界した日の時価で計算する
- 他界した人に借金など債務がある場合は、財産から債務を控除した残額が財産となる
- 基礎控除は次の計算式で算定する

基礎控除＝
　5,000万円 ＋ 1,000万円×法定相続人の数
　法定相続人は、法律上、相続する権利のある人をいう

相続税の優遇措置

● 小規模宅地等の特例
　他界した人が住んでいたなどの条件を満たす場合、子供が同居していた土地については、相続税の軽減（240㎡を上限として、土地評価80％減額）される。

● 配偶者の税額軽減
　他界した人の配偶者が、相続で財産をもらう場合、一定の金額（1億6千万円、または法定相続分のいずれか大きい金額）までは相続税がかからない。

● 特例の適用条件
　小規模宅地等の特例、配偶者の税額軽減ともに、(1) 相続税申告を行い、特例を適用する旨記載すること、(2) 相続税申告期限までに、財産分けの話合いが合意できていること、が必要。

相続税の納め方

相続税の納め方

他界した日から10ヶ月後までに、現金で一括納付
　↓ 現金納付が困難である理由がある場合
延納　ただし、利子税、担保提供あり
　↓ 延納によっても現金納付が困難である理由がある場合
物納　ただし、物納財産の順位あり
　　　また、相続税評価額により物納

第2編 ケース別対策編

第4部 現状分析のやりかた

現状分析のやりかた

タロウ：ユウコさん、こんにちは。税理士のタロウです。第4部では、第1編で学んだ相続のポイントを踏まえて、具体的なケースについて、検討していきたいと思います。

ユウコ：こんにちは、ユウコです。両親とも今は元気ですが、70歳を超えているので、相続が少し気になっています。相続税が増税になるっていう話もあるみたいです。それで、今日はタロウ先生に、相続の相談に伺ったという次第です。

タロウ：ユウコさん、相続について気にされているようですが、具体的にどんな点が心配ですか？

ユウコ：わたし、会社で営業事務の仕事をしているのですが、相続のことは全くわからなくて。何が具体的に問題になるのやらなくて。何をしたらいいやら見当もつかず、漠然とマズイって思っているだけで。

タロウ：相続で問題になるのは、大きく分けると2つです。1つは相続税。1つは財産分けで、どの財産を誰が相続するのかという話です。相続税は、相続するときに払う税金の話です。相続税

ユウコ：両親はともに今は元気だからすぐに相続って話にはならないと思うけど…。何かしておいたほうがいいんでしょうか？

タロウ：まずは現状分析をしておいたほうがよいと思いますよ。万が一、今相続が起こった場合にどうなるのか事前に検討しておくということです。

ユウコ：現状分析ですか。

タロウ：例えば、ユウコさん、頭がひどく痛いとき、まず何をしますか？

ユウコ：薬を飲んで、寝ます！

タロウ：それでも治らなかったら？

ユウコ：病院に行きます。病院でお医者さんに診てもらいます。

タロウ：そうですよね。お医者さんは患者さ

ということ自体もよくわからなかったんです。第1編で相続のポイントを学んだので、大体のことは理解したつもりですけどうまく頭の中で整理できていなくて。なんとなく、相続のとき税金がいくらかかるのかなとか、弟がいるので相続で争いになるのはイヤだな、とは思っていますけど。

タロウ：そうですよね。相続のことが心配なので、何かをしなくてはいけないと感じている方は多いと思います。ただ、具体的にどんなことが問題になり、どんなことをしておいたほうがよいのか、頭の中できちんと整理できている人は少ないかもしれませんね。

ユウコ：今まで相続のことなんて考えたことがなかったんですよ。ただ、先日父が入院して、不謹慎ですけど、相続のことも少し考えておかないとマズイかなって思ったんです。手術して今は元気ですけど、もう70歳を超えていますし。でも、

36

ユウコ：そうですね。痛む部分を触診したり、レントゲン写真を撮ったりして検査しますよね。

タロウ：つまり、お医者さんは、まず患者さんの病状の現状分析をしているわけです。その現状分析を踏まえて、薬や手術といった対策をしている、ということです。

ユウコ：なるほど。お医者さんも現状分析と対策をしているんですね。あんまり、そんなふうに考えたことなかったですけど。

タロウ：原因を調べずに、いきなり手術をするお医者さんはいないでしょう？

ユウコ：何か対策をする前に、現状分析をして問題点を把握するはずです。その問題点に対して、効果のある対策をする、という流れでしょう。

タロウ：確かにそうですね、言われてみれば。まず、相続の

現状分析をして、問題点を明確にします。問題点がなければそれで安心ですし、問題があればその対策を行います。お医者さんの例でいえば、相続の現状分析は、健康診断や人間ドックといえるかもしれません。

ユウコ：それじゃあ、相続の健康診断って、具体的にどんなことをするんですか？

タロウ：相続の現状分析を具体的にどのようにするのか、また現状分析で問題があるときに、どんな対策をしたほうがよいのか、順番に学んでいきましょう。

ユウコ：はい、よろしくお願いします！

タロウ：相続の現状分析のやりかたが理解できれば、簡便的なものであれば自分でできますよ。自分で簡便的に現状分析をして、大きな問題があれば税理士などの専門家に相談したほうがよいですね。

ユウコ：（笑）。わかりました。では早速、現状分析のやりかたを学んでいきましょう。タロウ先生、じらさないで早く始めましょうよ！

タロウ：というと？

ユウコ：えーと、（1）相続のキマリ（民法）相続人・相続財産調査、財産分けの話合い、名義変更、（2）相続のゼイキン（相続税）相続税申告書の作成、納税資金準備、ってことです。

タロウ：その通りです。ただ、あくまで現状分析ですから、財産分けの話合いや名義変更は必要ありません。また、現状分析を厳密に行うと手間・費用がかかりますので、費用対効果の観点から、簡便的に行うことが多いでしょう。簡便的に現状分析をして問題がありそうなときには、より厳密に現状分析を行っていく、というアプローチをとるのがよいと思います。

ユウコ：なるほど。相続が起こったときと同じことをするわけですね。言ってみれば、相続の予行演習みたいなイメージですね。

タロウ：そうとも言えるかもしれませんね。相続の現状分析は基本的に、相続が発生したときの手続と同じ作業を、行うことになります。

ユウコ：じゃあ、相続の現状分析のやりかたについて、順番に見ていきましょう。

タロウ：はい、そうしましょう。

相続人の調査

タロウ：ではまず、相続人の調査、です。

ユウコ：相続人の調査、第2部で学んだことですね。

① 登場人物・物の調査、相続のキマリ（民法）ステップ②相続人物の調査、ですよね。

タロウ：その通りです。相続で財産をもらえる権利がある人を調べるということです。ユウコさん、相続人に誰がなるか、覚えていますか？

ユウコ：配偶者と子供ですよね。

タロウ：正解です。離婚経験がある、既に他界した子供がいる、など複雑な家族関係でなければ、相続人は配偶者と子供と理解しておけばよいでしょう。

ユウコ：子供がいない場合は、両親が相続人になるんでしたよね？両親もいない場合には、兄弟姉妹が相続人になるって学びましたが。

タロウ：そうですね。重要なところですから、復習しておきましょう。まず、他界した人の配偶者は常に相続人になります。次

に、配偶者以外の相続人ですが、他界した人に、子供がいれば全ての子供が相続人になります。子供が1人もいない場合、他界した人の両親が相続人になります。子供が1人もいない場合の兄弟姉妹が相続人となるケースが多いでしょう。例えば、ある方が80歳で他界したケースで考えてみますに子供がいない場合には、その両親が、一義的には相続人になります。ただしが、80歳の方の両親は、多くの場合、100歳以上でしょうから既に他界されているケースが多いでしょう。両親が他界されていれば、他界された方の兄弟姉妹が相続人になります。兄弟姉妹で既に他界されている方がいるかもしれません。兄弟姉妹で既に他界されている方がいる場合には、その他界されている兄弟姉妹の子供（他界された方からみて甥姪）が相続人になります。

ユウコ：他界した人に子供がそもそもいないケースでは、他界した人の両親が相続人になるキマリですが、他界した人が高齢の場合には、その両親も既に他界していることが多いですよね。

タロウ：その通りです。高齢の方が他界したときで子供がそもそもいないケースでは、他界した人の両親がそもそもいない前の奥さんは相続人になるんですか？

ユウコ：もし、父親に離婚経験がある場合、実は父親は離婚経験があるって、母親から少し聞いたことがあるんですけど。

タロウ：他界した人の配偶者は常に相続人になります。ここでいう配偶者は、他界した時点での配偶者です。したがって、離

38

婚経験がある場合の、前の奥さんとの間の、相続人にはなりません。ただし、前の奥さんとの間に子供がいる場合には、その子供は相続人になります。

ユウコ：前の奥さんとの間の子供ですか。いるのかどうかもわからないし、いたとしても一度も会ったことないけど。

タロウ：前の奥さんとの間に子供がいれば、実際に血がつながっていますので、他の子供と同様に相続人になります。

ユウコ：どうやって調べればいいんですか？

タロウ：本人であるお父さんに聞けばわかるとは思います。

ユウコ：うーん、聞きづらい。

タロウ：そうですよね。他の方法としては、お父さんの戸籍を、出生まで遡って調べればわかりますよ。戸籍の調べ方はのちほど学びましょう。

ユウコ：はい。父親の場合には、前の奥さんとの間に子供がいない前提であれば、相続人は母親、私、弟の3人になりますよね。

タロウ：そうですね。前の奥さんとの間に子供がいない前提で、今後、話を進めていきますが、その場合でも実際の相続のときには、相続人がお母さん、ユウコさん、弟さんの3人ではない可能性もありますよ。

ユウコ：え？どういうことですか？今、相続人は、母親、私、弟の3人って言ったじゃないですか。

タロウ：現状では、お父さんの相続人は、お母さん、ユウコさん、弟さん、の3人であることは間違いないです。

ユウコ：そうですよね。でも、タロウ先生、実際の相続のときには、相続人はこの3人じゃないかもしれないって・・・。

タロウ：例えば、お父さんが他界されたときに、既にお母さんが他界されていた場合にはどうなりますか？

ユウコ：あんまり考えたくはありませんけど、母親が既に他界していれば、父親の相続人は、私と弟の2人ですか？

タロウ：その通りです。あくまで仮定ですが、お父さんが他界されたときに、弟さんが既に交通事故で他界していた場合にはどうなりますか？

ユウコ：弟が既に他界していれば、母親と私が相続人ですよね。

タロウ：お父さんの他界したときに、弟さんが既に他界している場合で、弟さんにお子さんがいなければ、ユウコさんの言う通り、お母さんとユウコさんの2人が相続人になります。

ユウコ：そうか、弟に子供がいないければ、その子供が相続人になるってことですよね。

タロウ：そうなります。お父さんが他界されたとき、弟さんが先に他界されていて、弟さんの子供が2人いる場合には、お父さんの相続人は、お母さん、ユウコさん、弟さんの子供2人、合計4人です。

ユウコ：そうかあ、そういうことまで考えると、実際に相続が起こるまで、誰が相続人になるかわからないっていうことですね。

タロウ：実際の相続までは、誰が相続人になるか確定はできません。ただ、わからないからといっても、何も対策ができないケースでは、今、仮に相続人となる人を相続人となる人とみなしても、実際の相続でも相続人になるとみなしても、実際の相続で相続人となる人と、違いはないでしょう。

ただ、母親が病気であるとか、弟さんが病気である場合などは、発生する可能性が高いケースも想定して、複数のケースで分析をしておいたほうがよいでしょうね。

ユウコ：そうですね、相続の現状分析って、なんか悲しいですね。

タロウ：実際にそうなるということでなく、あくまで可能性として、一応考えておくということです。備えあれば憂いなし、ということですよ。

ユウコ：相続人が変わる可能性があるってことは、分析しても、その後、状況が変われば、結果が変わってくるってことですよね。

タロウ：現状分析の目的は、相続の予行演習を行い、実際に相続が起こったときの問題点を事前に把握し対応しておくことにあります。

ユウコ：そうですね。

タロウ：ですから、分析をした後で、相続人となる人が変わった場合には、その変わった後を現状として、また分析を行う必要があります。

ユウコ：現状分析は1回で終わりじゃないっ

てことですね。

タロウ：そうです。現状分析は予行演習ですが、定期的に行っておいたほうがよいということです。ただし、1回、しっかりと現状分析をしておけば、その後の現状分析は、情報を更新するだけですむことが多いでしょうから、手間も少なくなると思いますよ。

ユウコ：タロウ先生、さっき、相続人を調べる場合で、本人に、私の場合父親ですが、聞きづらい場合には戸籍を調べればいいっていいましたよね。

タロウ：そうです、戸籍を調べると相続人がわかります。

ユウコ：相続人を調査するには、他界した人の戸籍を死亡から出生まで遡って調べる必要があるって、「第2部 相続のキマリ（民法）」で学びましたけど。

タロウ：そうです。相続人を調べるには、戸籍を死亡から遡って出生まで確認する必要があります。現状分析をする場合には、まだ相続は発生していないので、現在から出生までの戸籍を調べることになります。

ユウコ：父親の相続の現状分析をするには、

父親の戸籍を、現在から出生まで調べるってことですよね。

タロウ：その通りです。

ユウコ：でも、父親の戸籍を子供である私がとれるんですか？

タロウ：とれますよ。ただ、出生まで戸籍を遡るのは、ケースによっては結構な手間になります。

ユウコ：どうしてですか？ 父親の本籍地は東京都新宿区だから、新宿区役所に行って戸籍をとれば済むんじゃないですか？

タロウ：そうですが、戸籍を出生まで遡るというのは、それだけでは終わらない場合があります。

ユウコ：どういうことですか？

タロウ：戸籍は、戸籍の法律が変わると新しく戸籍が作られます。その新しく作られた戸籍の、前の戸籍を改製原戸籍といいます。

ユウコ：改製原戸籍？

タロウ：名前は覚える必要ありませんが、法律が変わって戸籍が新しく作られる場合があるという点がポイントです。

ユウコ：それが戸籍を出生まで遡る話と関係があるんですか？

第2編　ケース別対策編

タロウ：あります。新しい戸籍が作られたときに、前の戸籍、つまり改製原戸籍の情報が全て、新しい戸籍に移されるわけではありません。

ユウコ：え、それじゃ、情報が消えちゃうじゃないですか。

タロウ：そうなんです。例えば、お父さんが結婚すると、その戸籍に配偶者の名前が記載されます。子供が生まれれば、戸籍に子供の名前が記載されます。離婚して、子供もその奥さんの新しい戸籍に移った場合、その旨、お父さんの戸籍に記載されます。

ユウコ：だから、戸籍を見れば離婚経験があるか、子供がいるかわかるってことですよね。

タロウ：そうなんですが、その戸籍から子供が戸籍からはずれた後、戸籍の法律が変わって新しい戸籍が作られた場合、婚姻や離婚、戸籍からはずれた子供の情報は新しい戸籍に記載されません。

ユウコ：え、それじゃ新しい戸籍を見ただけじゃ、離婚とか、戸籍からはずれた子供とかがわからないじゃないですか。

タロウ：そうなんです。全部の情報が新しい戸籍に記載されれば簡単ですが、新しい戸籍に記載されない事項があるので、戸籍を遡る作業が必要になるんです。

ユウコ：そういうことですか。戸籍を出生まで遡るという意味が理解できました。

タロウ：これと同じことが、結婚して戸籍を新しく作成したときにも生じます。それらの場合の、新しく作られた戸籍の前の戸籍を、除籍と言います。

ユウコ：だから、今の戸籍だけじゃなくて、前の戸籍、つまり改製原戸籍とか除籍を順番に遡って調べていくってことですね。

タロウ：そうなんです。本籍地が出生から現在まで同じ場所であれば、その本籍地の区役所や市役所に行けば、出生までの戸籍を一ヶ所でまとめて取得できます。

ユウコ：それなら、そんなに手間はかからないんじゃないですか？父親の場合には、新宿区役所に行って、出生までの戸籍、改製原戸籍、除籍がほしい、っていえばいいんですよね。

タロウ：そうなんですが、わざわざ横浜まで行くんですか。まあ、横浜ならそんなに遠くないからいいですけど、これが九州とかだったら・・・。

ユウコ：そうなんです。本籍地があった市区

お父さんのご出身はどちらですか？

ユウコ：おじいちゃんとおばあちゃんは横浜に住んでいたから、父親の出身は横浜市だと思います。

タロウ：となると、お父さんの本籍地は、新宿区だけでなく、横浜市にあった可能性もあります。また、横浜市の前に別のところに本籍地があった可能性もあります。

ユウコ：そうかぁ。でも、新宿区役所に行けば、父親の戸籍を、改製原戸籍とか除籍も含めて、過去の分までまとめて管理しているんですよね？

タロウ：残念ながら、新宿区役所で保存しているのは、本籍地が新宿区にある戸籍、改製原戸籍、除籍だけです。横浜市に本籍地があった場合には、横浜市役所で、厳密には横浜市の区役所ですが、改製原戸籍を取得する必要があります。

タロウ：慣れないとそれがまた、読みづらいんですよね。

ユウコ：そうなんですか。

タロウ：現行のコンピューター化された戸籍であれば、読みやすいと思います。ただし、コンピューター化されていない現行戸籍、改製原戸籍、除籍は、慣れていない方にとっては読みづらいでしょう。例えば、数字の1、2、3は「壱、弐、参」として表記されます。また、古いものは手書きのものもあります。まずは新宿区役所にいって戸籍をとってみてください。それで遡れるところまで調べてみましょう。

ユウコ：はい。ちなみに、この手続、専門家にお願いできるんですか？

タロウ：できますよ。弁護士、司法書士、行政書士などの専門家が職権で取得できます。

ユウコ：どれくらい費用がかかるんですか？

タロウ：一般的にいって、3万円〜5万円くらいでしょう。手間を惜しまなければ、現在から出生までの戸籍を入手することは、区役所・市役所の方に聞きながら手続を行えば、できるかもしれません。出生から現在までの戸籍を集めたら、その戸籍を読んで、相続人が誰なのか調べる必要があります。古い戸籍などは慣れない方にとっては読みづらいこともありますので、費用はかかってしまいますが、専門家にお願いして、相続人が誰になるのか、分析をお願いしたほうが間違いはないでしょう。

ユウコ：そうですね。戸籍を集めるのも大変そうだし、それを読むのも大変そうなので、専門家に全部お願いしようと思います。

町村で除籍なり、改製原戸籍を管理しているので、そこへ出向いて取得しなければいけません。それが遠方だと、結構な手間になります。

ユウコ：横浜くらいなら行けるけど、九州とかはちょっと無理ですね。会社休んで、ちょっとした旅行になっちゃう。

タロウ：郵送で取得することもできます。具体的な依頼方法は、市区町村で異なる可能性がありますので、請求する市区町村へ電話などで確認した上、依頼したほうがよいでしょう。

ユウコ：遠いところなら郵送で頼んだほうがよさそうですね。戸籍を出生まで遡る方法が、具体的にイメージできてきました。まず今の本籍地の新宿区役所に行って戸籍をとる。それから、その前の改製原戸籍、除籍をとる。本籍地が移っている場合には、前の本籍地の市区町村に電話などで確認して、郵便で依頼する、ってことになるわけですよね。

タロウ：その通りです。改製原戸籍や除籍を実際に、ユウコさんは見たことありますか？

ユウコ：いや、ないですけど。

42

第2編 ケース別対策編

相続財産の調査

タロウ：その通りです。時価を出さないといけないので、具体的に基準日を決めなければいけません。現状分析に基準日を決めるときには、その年の前年12月31日を基準日とするとよいでしょう。平成24年5月に現状分析をするときには、平成23年12月31日を基準日にするということです。

ユウコ：はい。

タロウ：土地の路線価は、通常、毎年7月1日に公表されます。平成24年分の路線価は平成24年7月1日に公表されるということです。国税庁のホームページに路線価図として公表されます。

ユウコ：それと基準日って関係あるんですか？

タロウ：平成24年5月に現状分析を行うケースを考えてみましょう。平成24年の土地の相続税評価額を計算するために、平成24年の路線価を探してみることでしょう？

ユウコ：そうですね。前の年、つまり平成23年12月31日を基準日としたらどうでしょう？

タロウ：平成23年分の路線価は平成23年7月1日に公表されますから、平成24年5月の時点では既に公表されていて、わかりますね。

ユウコ：平成24年分の路線価は平成24年7月1日に公表されるということですから、平成24年5月の時点では

タロウ：そうです。現状分析をするタイミン

ユウコ：相続人の調査のことは理解できました。次に何をしたらいいんでしょう？

タロウ：次は相続財産の調査です。第2部の相続のキマリ（民法）ステップ①登場人物の調査のことです。

ユウコ：現状分析の相続人の調査では、あくまで現時点での相続人という意味で、相続までに相続人が変わる可能性があるってことでしたよね。

タロウ：そうですね。相続財産の調査も同じで、現状分析の基準日での相続財産、ということになります。相続までに財産を調査するときは、どんな財産があるのかという点に加えて、その財産の時価がいくらかということも調べなければいけません。

ユウコ：第2部で学びましたよね。時価は時日の経過とともに変化しているから、基準日を決めないと計算できないって。

タロウ：時価にもいろいろありますが、現状分析をする場合には、相続税評価額を時価として計算すればよいでしょう。

ユウコ：時価は、相続税評価額ですね。

タロウ：相続税評価額を計算するには、土地であれば路線価、建物であれば固定資産税評価額を把握する必要があります。

ユウコ：路線価？固定資産税評価額？なんだか難しい言葉ですね。

タロウ：順番に見ていきますから、そんなに心配しなくて大丈夫ですよ。

ユウコ：はい、少し安心しました。

タロウ：基準日を前年12月31日にする理由でしたよね。

ユウコ：そうでした（笑）。

タロウ：相続税評価額を計算するときですが、土地については路線価、建物については固定資産税評価額がわからないと計

グによっては、その年の路線価が公表されていないケースがあります。前年12月31日を基準日とすれば、前年分の路線価は既に公表されているので計算ができる、ということです。

タロウ：建物の固定資産税評価額も同じことです。

ユウコ：固定資産税評価額も7月1日に公表されるのですか？

タロウ：固定資産税評価額は、毎年5月ごろ郵送されてくる、固定資産税通知書を見ればわかります。

ユウコ：ということは、固定資産税通知書が送付されてくるまでわからないってことですね。

タロウ：厳密には4月1日以降であれば、市役所や、東京23区であれば都税事務所で、その年の固定資産税評価額を入手できます。

ユウコ：いずれにせよ、4月以降にならないと固定資産税評価額はわからないってことですね。

タロウ：そうです。ですから、前年12月31日を基準日にしたほうが、時価の計算上、

必要な情報が入手しやすいということです。

ユウコ：前年12月31日を基準日とする理由がよくわかりました。

タロウ：厳密には考えると、相続税路線価については、1月1日から6月30日までは、当年分は不明で前年分のみ入手でき、7月1日以降は当年分も入手できます。固定資産税評価額については、1月1日から3月31日までは前年分のみ入手できますが、4月1日以降は、当年分の固定資産税評価額も入手できます。このように厳密に考えて基準日を決めると複雑になるので、基準日はこれくらいにしておけばよいでしょう。基準日は前年12月31日としておいて、話を戻します。相続財産の調査に話を戻します。相続財産を調査するには、基準日における財産の内容・時価を調べることになります。

ユウコ：手間がかかりそうですね。

タロウ：相続財産を厳密に調べることは非常に手間がかかります。ただし、財産価値の大きい財産、具体的には土地、建物、預貯金、株式・債券、生命保険などに対象を絞って調べれば、現状分析では十

でしょう。また、債務も住宅ローンなど金額の大きな債務に絞って調べればよいでしょう。

ユウコ：対象を絞れば調べる手間は、確かに少なくなりそうですね。

タロウ：相続財産は、基準日から相続までの間にかなり変動する可能性があります。ですから、あまり細かいところまで調べても意味は乏しいでしょう。金額の大きいものを調べて、概算額を把握しておく、というスタンスで十分だと思います。

ユウコ：確かに相続財産については、両親が生活していく上で預貯金は減っていくでしょうし、また土地は地価の変動があるので時価も変動するでしょうし。

タロウ：現状分析を行う意義は、財産分けや相続税について、問題があるかどうか、を調べることにあります。イメージとしては百万円単位で財産を把握しておけばよいと思います。

建物の調査

タロウ：では、具体的に財産の種類ごとに、調べ方を見ていきます。

ユウコ：はい！

タロウ：最初は建物です。

ユウコ：建物ですね。両親が住んでいる自宅とか、貸しているアパートの建物とかですよね。

タロウ：そうです。お父さんがどんな建物を持っているか、ご存知ですか？

ユウコ：両親が住んでいる自宅。それから、世田谷区にアパートを持っているって聞いたことがあります。

タロウ：新宿区の自宅の建物、世田谷区にある賃貸アパートの建物、ですね。

ユウコ：そうです。

タロウ：これで全部だと思うけど、両親の財産は詳しく聞いたことがないから、他にもあるかも。

ユウコ：本人であるお父さんに聞けば教えてくれると思います。

タロウ：そうですよね。でも、なんか親の財産を狙っているみたいで少し聞きづらいなぁ。

ユウコ：うーん、わかったような、わからないような。

タロウ：万が一のことを考えて準備しているわけですから、お父さんに説明すれば理解して頂けると思いますよ。

ユウコ：はい、そうですね。

タロウ：お父さん宛に送付されて来る、固定資産税通知書・課税明細書を見れば、どんな土地・建物を持っているか、一覧になっているので把握できます。

ユウコ：固定資産税の通知書、ですね。

タロウ：固定資産税の通知書は、市町村ごとに送付されてきます。東京23区であれば都税事務所から23区ごとにそれぞれ別に送付されてきます。

ユウコ：両親の自宅は新宿区で、アパートは世田谷区だから、新宿区と世田谷区からそれぞれ送られてくるってことですね。

タロウ：正しくは、新宿都税事務所と世田谷都税事務所からそれぞれ送付されてきます。

ユウコ：新宿区と新宿都税事務所って違うんですか？

タロウ：新宿区は新宿区役所という意味だと思いますが、新宿都税事務所というのは新宿区の役所でなく、東京都の役所です。

ユウコ：うーん、わかったような、わからないような。

タロウ：固定資産税は、土地・建物がある市町村が管轄するのが原則ですが、市町村でなく東京都の一部である都税事務所が固定資産税通知書を送付してきます。都税事務所は1ヶ所でなく、23区それぞれにあり、管轄していますので、それぞれの都税事務所が送ってくるということになります。

ユウコ：なるほど、そういう仕組みなんですね。

タロウ：自宅は新宿区になるならば、新宿区を管轄する新宿都税事務所が、アパートは世田谷区にあるならば、世田谷区を管轄する世田谷都税事務所が送付してきます。

ユウコ：そういうことですか。

タロウ：固定資産税通知書と一緒に、固定資産税課税明細書が送られてきます。その固定資産税課税明細書を見れば、建物の固定資産税評価額がわかります。

タロウ：図1は平成23年分の固定資産税通知書と一緒に送られてきた固定資産税課税明細書の一部です。
ユウコ：いろいろ数字が書いてあって、わかりづらい・・・。
タロウ：建物の固定資産税評価額は、家屋の部分の「価格」の金額です。
ユウコ：10,000,000？
タロウ：1千万円ということです。
ユウコ：そういうことか、わかれば簡単ですね。
タロウ：建物を自分で使用している場合には、この価格の金額がそのまま、建物の相続税評価額になります。
ユウコ：自分で使っている場合以外は？
タロウ：例えば、世田谷区にあるアパートは他人に貸していますよね？
ユウコ：そうだと思います。
タロウ：その場合には、建物の相続税評価額は、固定資産税評価額の70％となります。
ユウコ：固定資産税評価額の70％ということは、価格が1千万円の場合、1千万円×70％＝7百万円ということですね。
タロウ：そうなります。
ユウコ：自分で使っている場合と、人に貸し

ている場合とで、何で違うんですか？
タロウ：いい質問です。建物を他人に貸している場合、借りている人には「借家権」という権利があります。その建物を借りる権利があるということです。正確でないですがわかりやすく言うと、建物の持ち主である貸主は、アパートを借りている入居者に「出て行ってくれ」と言って追い出すことはできないのです。
ユウコ：貸している人のものなのに？
タロウ：建物を借りている人は、借地借家法という法律で保護されているので、一般的には、貸主から出て行ってくれといわれても、出て行く義務は法律上ありません。この様に、借主は借家権という権利があり、保護されているのです。
ユウコ：貸主からみると、かなり借主が守られている感じがしますけど。
タロウ：そうなんです。厳密には、借家権にも、普通借家権と定期借家権とがあります。いずれにせよ、他人に有料で貸している場合には借りている人に借家権がありますので、その場合、建物の相続税評価額は、借家権分だけ評価を下げている、という

ことです。
ユウコ：それが70％掛けている、つまり30％マイナスしている理由ですね。
タロウ：そうです。30％は借家権と考えればよいでしょう。
ユウコ：確認になりますけど、自分のケースでは、新宿区にある自宅は、新宿都税事務所から送られてくる固定資産税課税明細書に記載された価格がそのまま建物の相続税評価額になる。世田谷区にあるアパートは世田谷都税事務所から送られてくる固定資産税課税明細書に記載された価格に70％を掛けた金額が建物の相続税評価額になる。この理解でいいですか？
タロウ：正解です。
ユウコ：建物の相続税評価額を計算するときに、他に何か注意する点はありますか？
タロウ：今までは、お父さんが全部、建物を持っているという前提でしたが、共有ということもありますよ。
ユウコ：共有ですか？
タロウ：建物の持ち主は1人であるとは限りません。例えば、お父さんとお母さんの2人とも持ち主かもしれません。
ユウコ：2人で一緒に持つから、共有という

第2編 ケース別対策編

図1 固定資産税課税明細書の一部

家屋の所在	区分家屋物件番号	家屋番号	種類・用途建築年次	構造屋根	地上地下	登記床面積 ㎡ 現況床面積 ㎡	価格 円
新宿区若宮町**	***	**-**	居宅 昭55年	木・プロ造 スレート	2 0	200.00 200.00	10,000,000

新宿都税事務所

固定課税標準額 円 都計課税標準額 円	固定資産税（相当）額 円 都市計画税（相当）額 円	減額税額（固） 円 減免税額（固・都） 円	摘要
10,000,000	140,000		
10,000,000	30,000		

図2 固定資産税通知書

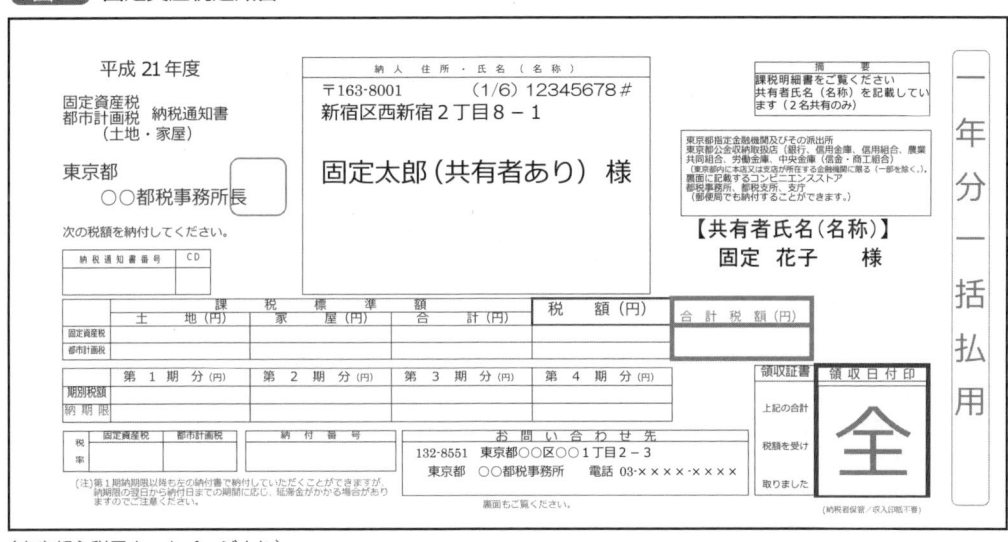

平成21年度
固定資産税
都市計画税　納税通知書
（土地・家屋）
東京都
○○都税事務所長

〒163-8001　（1/6）12345678＃
新宿区西新宿2丁目8-1

固定太郎（共有者あり）様

摘要
課税明細書をご覧ください
共有者氏名を記載しています（2名共有のみ）

【共有者氏名（名称）】
固定　花子　様

一年分一括払用

（東京都主税局ホームページより）

タロウ：その通りです。共有の場合には、それぞれ持分が何分の何として決められています。半分ずつ権利を持っていれば、持分は2分の1となります。

ユウコ：共有かどうか、共有の場合の持分はどうやってわかるのですか？　固定資産税課税明細書でわかるんですか？

タロウ：固定資産税通知書を見れば、共有かどうかはわかります。東京都の場合には、固定資産税通知書の送付先が「****（共有者あり）様」となっていれば、共有ということです（図2）。

ユウコ：共有かどうかは固定資産税通知書の送付先を見ればわかるということですが、持分はどうしたら調べられますか？

タロウ：建物の登記簿を調べることになります。

ユウコ：登記簿？

タロウ：あまり馴染みがないかもしれません。登記簿というのは、土地や建物の持ち主などが書かれている書類で、法務局で入手できます。登記簿は、土地は地番ごとに、建物は家屋番号ごとに作成されています（図3）。

ユウコ：うーん、見たことないからイメージがわかないなあ。

タロウ：土地の地番については土地の評価のときに学びましょう。ここでは建物の家屋番号について見てみます。建物はそれぞれ家屋番号というもので管理されています。登記されている建物は、1つずつ家屋番号がついています。わかりやすく言えば、建物はそれぞれ背番号がついているということです（**図3**）。

ユウコ：そういうことですね。建物の登記簿のどこをみれば、共有している人の持分がわかるんですか？

タロウ：権利部（甲部）（所有権に関する事項）の「権利者その他の事項」部分を見ればわかります。その部分に「共有者　新宿区新宿＊＊＊（住所）持分2分の1　日本太郎」というように記載されています。

ユウコ：固定資産税通知書の送付先を見て共有かどうかを調べて、共有の場合には登記簿でチェックすれば、持分がわかるってことですね。

タロウ：そうです。ユウコさん、それでは問題です。新宿区のご自宅建物がお父さんとお母さんの共有だった場合、建物の相続

図3 建物の登記簿

表題部（主たる建物の表示）	調製	余白	不動産番号	
所在図番号	余白			
所在	新宿区若宮町＊＊＊		余白	
家屋番号	＊＊＊番		余白	
①種類	②構造	③床面積㎡		原因及びその日付（登記の日付）
居宅	木造スレート葺2階建	1階 100:00 2階 100:00		昭和60年1月1日
所有者	新宿区若宮町＊＊＊ 持分2分の1　日本太郎 新宿区若宮町＊＊＊ 持分2分の1　日本花子			

権利部（甲区）（所有権に関する事項）			
順位番号	登記の目的	受付年月日・受付番号	権利者その他の事項
1	所有権保存	昭和60年1月20日 第10000号	共有者 新宿区若宮町＊＊＊ 　持分2分の1 日本太郎 新宿区若宮町＊＊＊ 　持分2分の1 日本花子

税評価額はどうなるでしょう?

ユウコ：うーん。

タロウ：建物のお父さんの持分は2分の1とします。持分が2分の1ということの意味ですが、お父さんが持っている建物の価値は、全体の2分の1という意味でしょう。

ユウコ：そうなると、建物全体の相続税評価額は固定資産税明細書の価格の相続税評価額にある1千万円。それで父親の持分が2分の1だってことは、それに2分の1を掛けた、5百万円ってこと?

タロウ：ユウコさん、正解です。お父さんの持っている建物の相続税評価額は、建物全体の相続税評価額に持分を掛けたものになります。

ユウコ：最初はムズカしいなぁって思ったけど、わかってくるとおもしろくなってきますね。

タロウ：アパート建物をお父さんとお母さんが持分2分の1ずつ共有していた場合は、どうなりますか?

ユウコ：世田谷区のアパート建物の固定資産税評価額は、固定資産税評価額は課税明細書の価格にある1千万円だから、その70％が7百万円。建物全体

の2分の1が父親の持分だから、7百万円の2分の1で、350万円が父親の持つ建物の相続税評価額ですね。

タロウ：完全に理解しましたね。それでは、次はマンションのケースを見てみましょう。

ユウコ：はい!

タロウ：分譲マンションの1室を持っている場合、マンションの建物と土地を持っていることになります。マンションの建物の相続税評価額は、いままで学んできたことと基本的に同じです。

ユウコ：でも、分譲マンションの場合には、建物全体でなく、1室だけを持っていますよね。

タロウ：そうです。難しい言葉で「区分所有」と言います。わかりやすく言えば、分譲マンションというのは、部屋を区分して持っているということです。建物全体を持っているのか、部屋を区分して持っているのか、その点は違いますが他は同じです。

ユウコ：そう考えるんですね。

タロウ：では、分譲マンション建物の相続税評価額を計算してみましょう。

ユウコ：分譲マンションの建物の1室の固定資産税課税明細書（図4）の価格を見てみると・・・。

タロウ：分譲マンションの建物の1室の固定資産税評価額は、固定資産税課税標準額の金額になります。

ユウコ：20,000,000円と書いてあります。

タロウ：そうです、その金額、2千万円となります。これが分譲マンションの1室の固定資産税評価額になります。

ユウコ：自分で使っている場合には、建物の相続税評価額は固定資産税評価額になるから、2千万円が相続税評価額になるっ

ユウコ：分譲マンションの建物の1室の固定資産税課税明細書（図4）の価格を見てみると・・・

タロウ：40億円と記載されています。

ユウコ：え、40億円! すごいマンションの部屋ですね!

タロウ：分譲マンションの建物については、1点だけ注意が必要です。

ユウコ：というと?

タロウ：分譲マンションの建物の価格は、持っている部屋でなく建物全体の評価額になっています。

ユウコ：だから、40億円なのか〜。

ユウコ：お父さん宛にきている固定資産税課税明細書、でしたよね。

タロウ：そうです。固定資産税課税明細書を見れば、お父さんがどんな建物を持っているかわかります。

ユウコ：新宿区に自宅、世田谷区にアパートがあるときは、固定資産税課税明細書は、それぞれ別に送付されてくるってことですか？

タロウ：そうです。それぞれ別に送られてきます。お父さんが1人で100％建物を持っているか、他の人と共有しているかは、どうすればわかりますか？

ユウコ：送られてきた固定資産税通知書の宛先をみて、共有者ありって書いてあるかどうかでわかります。共有の場合には、建物の登記簿を見れば持分がわかります。

タロウ：そうですね。それでは、建物の相続税評価額はどのように計算しますか？

ユウコ：固定資産税課税明細書に記載してある、建物の価格が相続税評価額になります。あ、マンションの場合には、価格でなくて・・・、何でしたっけ？

タロウ：固定資産税課税標準額に記載してあ

建物の相続税評価額は自分で使用しているものと同じ相続税評価額になります。

ユウコ：70％を掛けずに、固定資産税評価額がそのまま相続税評価額になるってことですか？

タロウ：そうです。貸主からみて「借家権」という制約がないので、30％のマイナス評価はできないということです。

ユウコ：なるほど、いろいろキマリがあるんですね。覚えきれるか心配になってきました。

タロウ：たくさんのことを学びましたから、消化不良にならないように、ここで1回復習をしましょう。

ユウコ：お願いします。

タロウ：お父さんの相続について現状分析をするために、財産の調査をする際に、建物をどのように調べるかを学んできました。

ユウコ：そうでしたね。細かい話をしていると、何のために作業しているか、すっかり忘れてました。

タロウ：建物を調査するときに、お父さんが持っている建物を把握するには何を調べればわかりますか？

てことですね。

タロウ：そうですね。では、他人に有料で貸していたら？

ユウコ：貸している場合には、固定資産税評価額の70％が相続税評価額になるから・・・。

タロウ：2千万円×70％＝1千4百万円となります。

ユウコ：分譲マンションの場合、こうすれば相続税評価額が計算できるんですね。さっきから少し気になっていたんですけど・・・。

タロウ：なんですか？

ユウコ：タロウ先生、さっきも有料で貸していたらっていってましたけど、無料で貸すことなんてあるんですか？無料で貸している場合は有料で貸している場合と違う取扱いになるんですか？

タロウ：例えば、両親がもっている分譲マンションの1部屋を子供に無料で貸すことはありますよね。

ユウコ：そういうケースですか。親子なら普通にありますよね。

タロウ：無料で貸している場合には、「借家権」という強い権利はありませんので、

図4 分譲マンションの固定資産税課税明細書

家屋の所在	区分家屋物件番号	家屋番号	種類・用途 建築年次	構造 屋根
新宿区若宮町**			居宅　他	鉄筋・鉄骨
	***	**-**	平成10年	陸屋根
新宿都税事務所				

地上 地下	登記床面積　㎡ 現況床面積　㎡	価格　　　　　　円	固定課税標準額　円 都計課税標準額　円
30	100.00		20,000,000
0	100.00	4,000,000,000	20,000,000

タロウ：そうでした。

ユウコ：自分で使用している場合、無料で貸している場合にはその固定資産税評価額がそのまま相続税評価額になります。

タロウ：他人に有料で貸している場合は、固定資産税評価額の70％が相続税評価額になるってことでしたよね。

ユウコ：そうです。共有の場合にはどうなりますか？

タロウ：共有の場合には、建物全体の相続税評価額に持分を掛けたものになります。

ユウコ：そうです、ちゃんと理解できていますね。

タロウ：少し頭の中が整理された感じがします。

ユウコ：では、次に土地の調査について見ていきましょう。

る金額になります。

土地の調査

ユウコ：土地の調査も建物と同じですか？
タロウ：土地の調査は、建物と違いますよ。
ユウコ：それじゃあ、頭を切り替えていきます！
タロウ：まず、どこの土地を持っているか調べます。
ユウコ：建物のときは、固定資産税課税明細書を見ればわかったけど。
タロウ：その部分は、土地の場合も同じです。新宿区にある自宅土地は、新宿都税事務所から送られてくる固定資産税課税明細に、世田谷区にあるアパート土地は、世田谷都税事務所から送られてくる固定資産税課税明細に、記載があります。
ユウコ：建物には家屋番号がついていたけど、土地の場合は？
タロウ：建物の家屋番号に相当するのは、土地の「地番」です。建物は1棟ごとに家屋番号がついていましたが、土地は1筆ごとに地番がついています。
ユウコ：建物の1棟はイメージできるんだけど、土地の1筆ってどういう意味ですか？
タロウ：公図を見ればイメージしやすいと思います（図5）。
ユウコ：公図？
タロウ：地図と思ってください。土地には人為的に境界が設けられており、その境界で囲まれた土地が1つの筆、となります。公図の、それぞれ境界で囲まれた土地が、この1つの筆で、それぞれ地番があります。
ユウコ：地番と住所って同じですよね？
タロウ：同じ地域もありますが、東京23区などでは地番と、住所とは異なります。
ユウコ：え、そうなんですか。
タロウ：はい。
ユウコ：それじゃあ、土地の住所がわかっても、地番はわからないってことですね。

図5　公図の一部

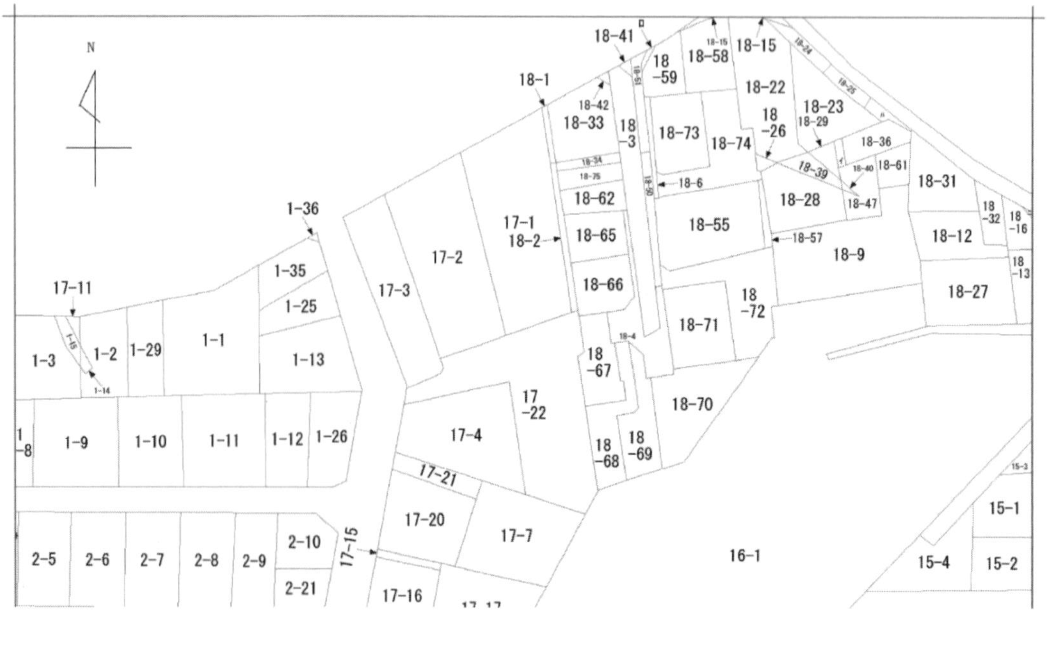

タロウ：そうです。土地は地番で管理されていますので、固定資産税課税明細書でも、土地の登記簿でも、土地は地番で記載されています。

ユウコ：そしたら、地番を調べなきゃいけないってこと？

タロウ：建物と同じように、固定資産税課税明細書を見ればわかりますよ。

ユウコ：課税明細書のどこを見ればわかるんですか？

タロウ：「土地の所在」のところを見れば、持っている土地の地番がわかります（図6）。

ユウコ：あ、ここですね。

タロウ：土地を調べるときには、課税明細書でなく、都税事務所で名寄帳（図7）を取ったほうが厳密にはよいですよ。

ユウコ：なんでですか？

タロウ：ユウコさん、私道という言葉を聞いたことはありますか？

ユウコ：なんとなく聞いたことありますけど。

タロウ：私道というのは、公道ではない道路ということです。持ち主が国などではなく、建物のときには共有の話がありますけど、土地も同じですか？

ユウコ：はい。

タロウ：私道というのは、公道ではない道路ということです。持ち主が国などではなく、個人または会社などである道路、ということです。

ユウコ：だから、私道なんですね。

タロウ：そうです。東京都の場合、私道は固定資産税が非課税になっています。

ユウコ：私道については固定資産税がかかっていないんですね。でも、何の関係があるんですか、今の話と。

タロウ：私道は固定資産税がかかっていないので、課税明細書に記載されていません。

ユウコ：え、課税明細書に載っていないんですか。

タロウ：そうなんです。ですから、課税明細書を見ても、私道を持っているかどうかはわかりません。

ユウコ：どうやったら私道を持っているかわかるんですか？

タロウ：名寄帳を見ればわかります。

ユウコ：名寄帳ってなんでしたっけ？

タロウ：名寄帳は、持ち主別に、持っている土地建物をまとめた資料です。東京23区であれば、都税事務所で入手できます。

ユウコ：道路は、多くの場合、国、都道府県、市区町村が持ち主です。その場合には公道といいます。

タロウ：名寄帳ですね。話は変わりますけど、建物のときには共有の話がありましたけど、土地も同じですか？

タロウ：同じです。土地も2人が一緒に持ち主になることができます。つまり、共有できます。共有の場合の持分も同じです。

ユウコ：共有している場合の持分の調べ方は？

タロウ：建物と同じです。固定資産税通知書の宛先に共有者ありと記載あれば共有している場合があります。持分は土地の登記簿を見ればわかります。

ユウコ：建物と同じですね。

タロウ：そういうことですね。

ユウコ：固定資産税通知書は、新宿区にある土地・建物、世田谷区にある土地・建物、それぞれ別の都税事務所が送付してきますよね。

タロウ：では、新宿区にある自宅土地はお父さん・お母さんの共有、自宅建物はお父さんが100％持っているケースでは、どのように固定資産税通知書が送られてくるでしょう？

ユウコ：土地も建物も新宿区にあるから、新

図6 固定資産税課税明細書

平成23年度固定資産税・都市計画税課税明細書
本年度課税された、1月1日現在あなたが所有している固定資産(土地・家屋)の明細をお知らせします。

土地の所在	登記地目	登記地積 ㎡	価格 円	固定前年度課標等 円	都計前年度課標等 円
	現状地目	現況地積 ㎡	固定本則課税標準額 円	固定課税標準額 円	都計課税標準額 円
	非課税地目	非課税地積 ㎡	都計本則課税標準額 円	固定資産税(相当)額 円	都市計画税(相当)額 円
新宿区若宮町***	宅地	240.00	100,000,000		
	宅地	240.00	***	***	***
			***	***	***

小規模地積 ㎡	負担水準(%)	固定小規模課標 円	都計小規模課標 円	小規模軽減額(都) 円	摘要
一般住宅地積 ㎡		固定一般住宅課標 円	都計一般住宅課標 円	減額税額(固・都) 円	
非住宅地積 ㎡	固定	都計	固定非住宅課標 円	都計非住宅課標準 円	減免税額(固・都) 円
200	**	**	***	***	***
40	**	**	***	***	***

図7 名寄帳

第2編 ケース別対策編

ユウコ：あ、そうですね。お父さんとお母さんの財産を調べるときに、固定資産税通知書を見逃して、把握するのが漏れちゃいそうですね。

タロウ：そうなんです。その意味からも、名寄帳を調べる必要があります。

ユウコ：名寄帳を調べると？

タロウ：そうです。ただし、名寄帳といっても、全国の土地建物について名寄せしているわけでなく、市町村毎に名寄せしているに過ぎませんから、その点は注意です。

ユウコ：そういうことですね。

タロウ：分譲マンションの建物の登記簿を見てみましょう（図8）。「表題部（敷地権の表示）」のところです。

ユウコ：敷地権？ 聞いたことないのですが。

タロウ：分譲マンションの土地は、そのマンションの持ち主全員で、共有しているイメージになります。その共有を敷地権というんですが、分譲マンションの1室を持っている場合、分譲マンションの敷地である土地全体の、敷地権割合だけ持っている、ということですね。

ユウコ：そうです、敷地権の割合は、共有の持分と同じです。

タロウ：敷地権を共有と同じと考えれば、敷地権の割合というのは、共有の持分と同じですね。

ユウコ：そうですね。

タロウ：今まで、土地の持ち主のことだけを考えてきましたが、借地権という言葉をユウコさんは聞いたことがありますか？

ユウコ：あります。建物のときには「借家権」を学びましたけど、漢字をよく見ると違いがわかりますよ。

タロウ：漢字をよく見ると違いがわかりますか？

ユウコ：借地権と借家権。

タロウ：土地を借りる権利と、家を借りる権利。

ユウコ：漢字そのまま。（笑）

タロウ：借家権は、家を借りる権利です。そ

宿都税事務所が一緒に送ってくるんじゃないですか？

タロウ：新宿都税事務所が送ってくるという点は正解です。ただし、一緒というのは間違いです。

ユウコ：というと？

タロウ：お父さんが単独で100％所有している自宅建物については、お父さんを送付先として固定資産税通知書が送付されてきます。

ユウコ：そうですね。

タロウ：お父さんとお母さんとが共有している自宅土地については、お父さん（共有者あり）を送付先として、別の固定資産税通知書が送付されてきます。

ユウコ：別の固定資産税通知書として、それぞれが送られてくるわけですね。

タロウ：ここで少し気になる点、ありませんか？

ユウコ：特にありませんけど。

タロウ：共有の場合、共有しているそれぞれの持ち主に固定資産税通知書が送付されてくるというわけではありません。代表者、ここではお父さんですが、のみに送られてきます。

図8 分譲マンション建物の登記簿

専有部分の家屋番号	***〜***,***〜***,***〜***,***〜***,***〜***,***〜***,***〜***, ***〜***,***〜***,***〜***,***〜***,***〜***,***〜***,***〜***, ***〜***,***〜***,***〜***,***〜***,***〜***,***〜***,***〜***

表題部（一棟の建物の表示）	調製	余白	所在地番号	余白
所在	新宿区若宮町***			余白
建物の名称	若宮町**マンション			余白
①構造	②床面積㎡			原因及びその日付（登記の日付）
		1階 200:00		昭和60年1月1日
		2階 200:00		

表題部（敷地権の目的である土地の表示）				
①土地の符合	②所在及び地番	③地目	④地籍 ㎡	登記の日付
1	新宿区若宮町***	宅地	300:00	昭和60年1月1日

表題部（専有部分の建物の表示）			不動産番号	
家屋番号	***番			余白
①種類	②構造	③床面積㎡		原因及びその日付（登記の日付）
居宅	鉄筋コンクリート造1階建	**階 80:00		昭和60年1月1日

表題部（敷地権の表示）			
①土地の符合	②敷地権の種類	③敷地権の割合	原因及びその日付（登記の日付）
1	所有権	2000分の100	昭和60年1月1日
所有者	新宿区** **建設株式会社		

権利部（甲区）（所有権に関する事項）			
順位番号	登記の目的	受付年月日・受付番号	権利者その他の事項
1	所有権保存	昭和60年1月20日 第10000号	原因 昭和60年1月1日 売買 所有者 新宿区若宮町*** 日本太郎

ユウコ：の場合の家、建物の持ち主は誰でしたか？

タロウ：世田谷区のアパートは、父親が土地と建物を持っているから・・・。

ユウコ：お父さんが建物の持ち主です。

タロウ：借地権は？

ユウコ：土地を借りるわけですから、建物の持ち主は誰ですか？

タロウ：？？

ユウコ：借地権は、建物とその敷地である土地の持ち主が違う場合に、土地の持ち主から、建物の持ち主が土地を借りる権利をいいます。

タロウ：借家権と比較すると？

ユウコ：借家権は、土地建物の持ち主は同じ人です。借地権は、建物の持ち主と土地の持ち主とが違います。建物の持ち主が土地を他人から借りている場合の、その借りる権利を借地権といいます。

タロウ：なるほど、そういうことなんですね。

ユウコ：借地権を持っているかどうか、または土地を持っているときに借地権を別の人が持っているかどうか、どうやって調べますか？

タロウ：タロウ先生、さっき課税明細書じゃ漏れちゃう場合があるから、名寄帳をとっ

タロウ：確かに言ったじゃないですか？
ユウコ：借地権分だけ土地の評価が下がります。どれくらい下がるかは、後ほど説明します。
タロウ：借地権がある場合には、借地権の時価を、持っている土地、借地権の時価としていますが、ここではどのように相続税評価額として考えていきましょう。
ユウコ：はい。建物の場合には、固定資産税課税明細書の価格を見て、相続税評価額を計算しましたけど。
タロウ：土地の場合には、2つの計算方法があります。
ユウコ：2つの方法があるんですか？
タロウ：ただし、こちらで2つの方法のうち好きな方を選べるわけではありません。この土地はこの方法で計算する、と指示があります。
ユウコ：そうなんですか。
タロウ：その2つの計算方法ですが、1つは路線価を使う方法、もう1つは固定資産税評価額を使う方法です。
ユウコ：持っている土地を、どちらで計算するかはどうやって調べるんですか？
タロウ：国税庁のホームページに、評価倍率表というものがあるので、それを見ればどちらの方法を使うのかわかります。ただ、通常の宅地は、路線価で計算すると思っておけば間違いありません。例えば、

タロウ：確かに言いましたね。ただし、名寄帳を見てもわかりません。
ユウコ：え！
タロウ：土地とその上にある建物の持ち主が一緒であれば借地権はありませんが、違う場合には借地権がある可能性があります。土地賃貸借契約書があるか、確認して借地権の有無を調べます。
ユウコ：地代も無料だったら、借家権と同じように借地権がないって考えるんですか？
タロウ：地代が無料であれば使用貸借といって、借地借家法の保護の対象になりませんので、借地権はなく自分が使っているものとして土地を評価することになります。
ユウコ：え、借りてる人は借地権を、財産として取り扱うんですか？建物の借家権のときは、そうでしたっけ？
タロウ：借家権の場合は、借りている人は財産として通常、取り扱いません。貸主の人だけが、建物の評価を、正確には土地と建物両方の評価を、下げることになるんですね？
ユウコ：借りてる人は？
タロウ：借りている人は借地権を持っているので、借地権を財産として取り扱う必要があります。
ユウコ：借りてる人は？
タロウ：地代が無料であれば使用貸借といって、借地借家法の保護の対象になりませんので、借地権はなく自分が使っているものとして土地を評価することになります。
ユウコ：そうなんですか。
タロウ：借地権の場合には、借主と貸主と両方の立場で考えておく必要があります。
ユウコ：？
タロウ：貸主、つまり土地を持っている人は、

東京23区内の土地は、全て路線価で計算することになっています。

ユウコ：それじゃ、路線価の計算だけ理解しておけばいいですね。

タロウ：それでよいでしょう。

ユウコ：路線価って何ですか？ 第3部の相続のゼイキン（相続税）で学んだけど、正直よく理解できていません。

タロウ：税務署は、道路ごとに、その道路に面している土地は1㎡当たりいくらで評価をします、と決めています。その決めた値段が路線価ということです。例えば、ある道路の路線価が40万円だった場合、その道路に面している土地は、1㎡当たり40万円で相続税評価額を計算するということです。

ユウコ：それじゃあ、路線価40万円の道路に面している土地を240㎡持っていた場合には、40万円×240㎡で。

タロウ：96百万円となります。

ユウコ：そういうことか！ 路線価が高いってことですよね。

タロウ：その通りです。

ユウコ：路線価は国税庁のホームページで見られるって学びましたよね。

図9　路線価図の一部

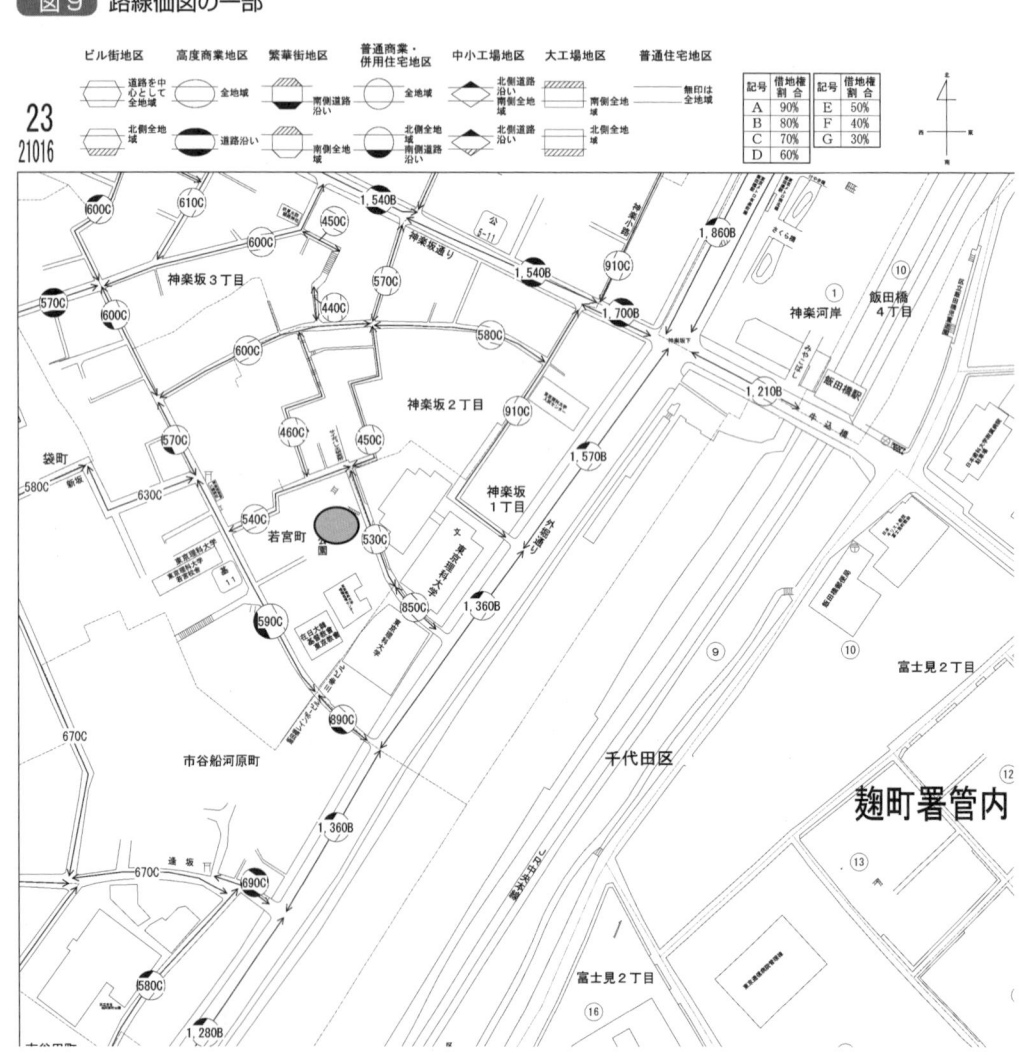

第2編　ケース別対策編

タロウ：路線価は毎年公表されます。持っている土地の場所を、路線価図（図9）で調べれば、路線価がいくらなのか調べられます。例えば、図9の丸部分の土地を持っている場合、路線価は53万円になります。

ユウコ：路線価のところには「530C」と書いてあるけど。

タロウ：路線価は千円単位で記載されていますので、「530C」とあれば530千円ですので、53万円となります。

ユウコ：530Cの Cはどういう意味ですか？

タロウ：この Cは借地権割合です。借地権割合というのは、この道路に面している土地について借地権を持っている場合で考えてみます。その土地の時価は、53万円×240㎡＝12,720万円です。借地権の相続税評価額は、土地の相続税評価額12,720万円×借地権割合 Cとなります。借地権割合 Cは70%ですから、12,720万円×70%で8,904万円となります。

ユウコ：借地権割合って、借地権の価値を土地全体の価値に対する割合で示しているものってことですね。でも、Cが70%ってどうしてわかるんですか？

タロウ：路線価図の一番上の真ん中に、記号と借地権割合の対応表があるので、それを見ればわかります。

ユウコ：確かに、Cは70%って書いてありますね。この土地の周辺では借地権割合は70%、または80%が多いんですか？

タロウ：都市部の住宅地だと、借地権割合は D、60%が多いと思います。都市部でも中心部に行くほど、また商業地に行くほど借地権割合は上昇してきます。逆に郊外に行くほど、借地権割合は下がっていくことが多いと思います。

ユウコ：借地権割合60%っていうことは、すか？

タロウ：借地権がある場合、その土地は、借地権をマイナスした残額が相続税評価額となります。路線価53万円の土地で考えてみます。土地の持ち主がその土地を自

ユウコ：ちょっと、難しいですね。

タロウ：例えば、530Cの道路に面している土地240㎡の借地権を持っている場合、53万円×240㎡＝12,720万円です。借地権の相続税評価額は、土地の相続税評価額12,720万円×借地権

地の借地権を持っている人は、土地時価の60%を借地権として持っているということです。

ユウコ：借地権ってすごい価値があるんですね。

タロウ：話が少し脱線しました。土地の相続税評価に戻ります。路線価53万円の土地240㎡を持っており、自分で使用していれば、その土地の相続税評価額は、路線価で計算する土地ならば、53万円×240㎡＝12,720万円です。その土地の借地権を持っている人、つまり土地の持ち主ではありませんが、その上の建物の持ち主である人は、借地権割合を70%とすると、12,720万円×借地権割合70%＝8,904万円の相続税評価額の借地権を持っている、ということになります。

ユウコ：借地権がある場合には、土地の持ち主が持つ土地の相続税評価はどうなりますか？

タロウ：借地権がある場合、その土地は、借地権をマイナスした残額が相続税評価額となります。路線価53万円の土地で考えてみます。土地の持ち主がその土地を自

土地の持ち主よりも借地権がある人のほうが、土地の価値を多く持っているっていうことですよね？

タロウ：その通りです。借地権割合60%の土

タロウ：そうです。土地の持ち主ではなく、借地権を持っている場合の評価はどうなりますか？

ユウコ：借地権は路線価×面積×借地権割合ですね。

タロウ：そうです。建物を持っている人で借地権があれば、その借地権は、路線価×面積×借地権割合、が相続税評価額になります。

ユウコ：そうですね。

タロウ：自分で使用している場合には、それが土地の相続税評価額になります。厳密には、それ以外にも調整が必要ですが、現状分析のときには、路線価×面積の概算評価で十分でしょう。

ユウコ：借家権がある場合は。

タロウ：アパートのように建物を人に有料で貸している場合には、土地の評価は、路線価×面積×（1－借地権割合×30％）となります。計算式がわかりづらければ、借地権割合×30％分だけ、評価がマイナスになると理解しておきましょう。

ユウコ：そう考えれば理解しやすいですね。

タロウ：借地権がある場合には、土地の評価は、路線価×面積×（1－借地権割合）となります。

ユウコ：はい・・・。

タロウ：では、応用問題です。

ユウコ：今までの計算したものに、持分を掛ける？

タロウ：正解です！　持分が2分の1で、前のケースで考えると、路線価53万円×240㎡×持分2分の1、となります。考え方は簡単で、今まで見てきたようにまず、土地の全体の評価を行います。その土地の全体相続税評価額が計算できたら、そこに共有の持分を掛ければいいん

分で使用していれば、土地は53万円×240㎡＝12,720万円の相続税評価額となります。その土地に借地権があれば、土地の相続税評価額は、53万円×240㎡×（1－借地権割合70％）＝3,816万円となります。つまり、借地権の相続税評価額分だけ、土地の評価がマイナスになります。

ユウコ：そう考えるんですね。

タロウ：さらに一歩進んで考えてみます。

ユウコ：と、いうと？

タロウ：借家権というのもありましたよね？

ユウコ：家を貸している場合のやつですよね。

タロウ：そうです。その場合にも、土地の評価は、自分で使っている場合と異なります。

ユウコ：具体的にはどうやって土地の評価をするんですか？

タロウ：借地権割合×30％分だけ、土地の評価をマイナスします。先ほどの路線価53万円の土地のケースなら、路線価53万円×面積240㎡×（1－借地権割合70％×30％）で10,048万円となります。つまり、借地権割合×30％分だけ、

ユウコ：うーん、難しい。

タロウ：ここまでの話を復習しましょう。

ユウコ：はい、頭、整理したいです。

タロウ：都市部の土地の相続税評価は、通常、路線価×面積で計算します。

ユウコ：そうですね。

タロウ：土地を共有している場合はどうやって相続税評価額を計算するでしょう。

ユウコ：はい、整理できました。整理できましたか？

タロウ：そうです。

第2編　ケース別対策編

タロウ：そう理解するとわかりやすい！

ユウコ：分譲マンションの敷地である土地はどうでしょう？

タロウ：敷地権でしたっけ？

ユウコ：そうです、敷地権が所有権であるとすると。

タロウ：そうです。その土地の相続税評価額を計算して、それに敷地権割合を掛ければいいのかな？

ユウコ：共有と同じようなものだから、敷地権割合を掛ければいいんです。

タロウ：なるほど。ところで、土地の面積ってどうやって調べるんですか？

ユウコ：名寄帳の現況地積、非課税地積を見ればわかりますよ。私道でなければ固定資産税課税明細書（図10）の現況地積を見てもわかります。分譲マンションの場合には、現況地積に記載してある面積は、分譲マンションの敷地全体です。

タロウ：敷地全体でいいんですか？

ユウコ：敷地権は敷地全体に対する権利ですからいいんですよ。敷地全体に対して敷地権割合だけ、権利があります。これで土地の相続税評価の仕方のポイントは理解できたと思います。次に土地・建物以外の財産について見ていきましょう。

図10　固定資産税課税明細書の一部

平成23年度固定資産税・都市計画税課税明細書
本年度課税された、1月1日現在あなたが所有している固定資産（土地・家屋）の明細をお知らせします。

土地の所在	登記地目 現状地目 非課税地目	登記地積 ㎡ 現況地積 ㎡ 非課税地積 ㎡	価格 円 固定本則課税標準額 円	固定前年度課標等 円 固定課税標準額 円 固定資産税(相当)額 円	都計前年度課標等 円 都計課税標準額 円 都市計画税(相当)額 円
新宿区若宮町***	宅地 宅地	240.00 240.00	100,000,000 *** ***	*** *** ***	*** *** ***

その他 財産・債務の調査

タロウ：財産の調査では土地建物が一番難しいので、これからの話は理解しやすいと思いますよ。

ユウコ：ふーっ、よかった。

タロウ：では、早速、前に進みましょう。

ユウコ：は、はい。

タロウ：まず預貯金、現金です。

ユウコ：そうです。預貯金、現金の相続税評価額は、その金額です。

タロウ：そうです。普通に考えて。

ユウコ：これは金額があるから、その金額ですよね？

タロウ：でも、父親はどれくらい預貯金を持っているんだろう？

ユウコ：お父さんに聞いてみましょう。

タロウ：お父さんの通帳を見ればわかりますが、本当は、預貯金の通帳をこっそり見るのは・・・。さすがに通帳をこっそり見るのは・・・。大体どれくらいの金額か聞いてみます。

ユウコ：そうですね。現状分析ですから、正確な金額でなくても、預貯金が概算でどれくらいあるかわかれば十分でしょう。

タロウ：預貯金は簡単ですね。

ユウコ：父親、投資はしないと思いますけど。

タロウ：もし株式を持っている場合、基準日の時価で計算します。債券も同じです。現状分析ですから、これらも概算でどれくらいかわかれば十分です。お父さんは生命保険に入っていますか？

ユウコ：うーん、聞いてみないとわかりません。

タロウ：生命保険に入っているときは、死亡したときに受け取る保険金の金額が、相続税評価額になると考えておきましょう。

ユウコ：生命保険の相続税評価額は、死んだときに受け取る金額ですね。

タロウ：住宅ローンやアパートのローンがあれば、債務として、財産からマイナスをします。

ユウコ：時価はどうやって計算するんですか？

タロウ：債務は、基準日のローン残高をもって時価とします。

ユウコ：基準日のローン残高ですね。

タロウ：話は変わりますが、ユウコさんは、お父さんから財産の贈与を受けたことがありますか？

ユウコ：贈与ですか？

タロウ：わかりやすく言えば、お金などの財産をもらうということです。

ユウコ：ないですよ。

タロウ：原則的には、贈与は相続税の対象にはなりません。ただし、贈与した財産は相続税でも一部のケースでは、相続税の対象となりますので注意が必要です。

ユウコ：うーん、どういうことですか？

タロウ：お父さんが財産の贈与をすると、つまり、お父さんが自分のお金をユウコさんにあげると、あげたお金はユウコさんのものではなく、ユウコさんのものになりますよね。

ユウコ：もらったら、私のもの！

タロウ：お金をあげると、お父さんはその分だけ自分のお金が減ります。もし、お金をあげる前に他界したら、他界した時点では、そのお金はお父さんの財産ですから、相続や相続税の対象となります。

ユウコ：そうですね。

第2編 ケース別対策編

タロウ:もし、お金をあげた後に他界したら、他界した時点では、そのお金はお父さんの財産ではないので、相続や相続税の対象にはなりません。

ユウコ:そうか。

タロウ:それが基本的な考え方です。ただし、生前に贈与した場合でも、相続税の対象になってしまうケースもあります。

ユウコ:どういうケースですか?

タロウ:それにはあげる、もらうときの、つまり贈与のときの税金をまず、理解する必要があります。

ユウコ:そうね。

タロウ:もらった人が払うんですね。

ユウコ:そうです、贈与税です。贈与税は財産をあげた人でなく、もらった人が払う税金です。

タロウ:その贈与税の計算方法は、2つあります。何も選択しない場合、つまり原則は、暦年課税という計算方法です。

ユウコ:暦年課税?

タロウ:暦年課税というのは、1年間、この場合の1年間というのは、1月1日から12月31日までの1年間をいいますが、1年間にもらった財産の合計に対して、110万円までは贈与税はかかりませんが、それを超えると贈与税がかかるという計算方法です。

ユウコ:どれくらいの贈与税がかかるんですか?

タロウ:1年間に110万円までは贈与税はかかりませんが、それを超えると10%、15%、20%、30%、40%、50%と、もらった財産が大きくなると贈与税の税率が上がっていきます。ちなみに、50%になるのは、もらった財産が1年で1,110万円を超えたときです。国税庁のホームページ(http://www.nta.go.jp/taxanswer/zoyo/4408.htm)に贈与税の速算表の記載がありますので、贈与税を計算するときには参照すると便利です。

ユウコ:もう1つの計算方法は?

タロウ:相続時精算課税という計算方法です。これは、両親から子供への贈与で、贈与税という計算方法を選びますよね。どう考えても。

ユウコ:贈与税が231万円と0円。みんな、相続時精算課税を選びますよね。どう考えても。

タロウ:ただし、相続時精算課税にはデメリットもあります。相続時精算課税では贈与税が少なくなりますが、代わりに全て相

ユウコ:え、それって相続時精算課税のほうが、断然、有利ですよね。

タロウ:そうですね、贈与税だけみると、相続時精算課税のほうが少なくなります。例えば、1,000万円贈与を受けた場合、暦年課税では、1,000万円−110万円=890万円、890万円×40%−125万円=231万円となります。相続時精算課税では、贈与税は0円です。

ユウコ:そうです。相続時精算課税を適用した場合、2,500万円までは贈与税はかかりません。2,500万円を超える部分については、一律20%の税率になります。

タロウ:そうです。相続時精算課税を適用した場合、2,500万円までは贈与税はかかりません。2,500万円を超える部分については、一律20%の税率になります。

ユウコ:もらった日で65歳、20歳じゃなくて、その年の1月1日の時点で判断するんですね。

タロウ:厳密に言うと、贈与した年の1月1日の時点で、財産をあげる人が65歳以上で、かつ財産をもらう人は20歳以上ということです。

ユウコ:65歳と20歳ですね。

タロウ:相続時精算課税という計算方法です。これは、両親から子供への贈与で、両親が65歳以上、子供が20歳以上の場合に選択できます。

ユウコ：え、贈与したものは相続税の対象にならないんじゃないですか？

タロウ：原則は、贈与したものは相続税の対象になりません。ただし、相続時精算課税で贈与を計算する場合には、その贈与された財産は全部、相続税の対象になります。つまり、贈与税は少なくしますが、全部相続税の対象にして、相続で税金を支払ってもらいますよ、という仕組みが、相続時精算課税なんです。

ユウコ：そうなんですか？

タロウ：だから多くの場合、相続時精算課税を適用した贈与は、相続税の節税にはなりません。

ユウコ：相続時精算課税で贈与税を払った場合、例えば3,000万円もらった場合、贈与税を払うと思いますけど、それでもまた、相続税を払うんですか？

タロウ：3,000万円現金をもらって、相続時精算課税を適用すると、3,000万円－2,500万円＝500万円、500万円×20％＝100万円、100万円の贈与税を払います。

ユウコ：でも、相続税もまた払うって。

タロウ：確かに、この贈与された財産は相続税の対象になります。例えば、この贈与された財産を含めて計算した結果、相続税が合計で600万円だったとします。その場合、贈与税で100万円既に支払っているので、相続税600万円－贈与税100万円＝500万円を支払えばいいんです。

ユウコ：そうか。

タロウ：相続時精算課税を適用した贈与は、贈与税は少なくなります。ただし、全部相続税の対象になります。支払った贈与税があれば、それは相続税の前払いとして取り扱われるので、差額分だけを相続税として払う、つまり精算するということです。ですから、相続時精算課税という名前になっています。

ユウコ：そういうことなんですね。

タロウ：ほかにも相続時精算課税にはデメリットがあります。相続時精算課税は、父親と長男、母親と長男、といったように両親と子供の1対1の関係について、それぞれ選択できます。

ユウコ：もう少し具体的にお願いします。

タロウ：例えば、ユウコさんがお父さんから財産をもらうときには相続時精算課税を選択して、ユウコさんがお母さんから財産をもらうときには暦年贈与を選択する、ということができます。

ユウコ：そういうことですか。相続時精算課税を選択すると、財産をもらったら、贈与税は全部相続時精算課税で計算するのかと思いました。

タロウ：相続時精算課税の選択単位は、あげる人ともらう人の1対1の関係ごとに、先ほどのようにお父さんとユウコさん、お母さんとユウコさん、というように選択します。

ユウコ：それは便利な気がしますが、デメリットなんですか？

タロウ：そこがデメリットではありません。相続時精算課税を一度適用すると、暦年課税を適用することができなくなります。

ユウコ：え、暦年課税を適用できなくなるんですか。

タロウ：お父さんからユウコさんが財産をもらう場合に、相続時精算課税を一度選択すると、お父さんからユウコさんへの贈与は、その年以降、相続時精算課税で全部計算することになります。

64

ユウコ：でも毎年2,500万円までは贈与税がかからないんですよね？

タロウ：2,500万円まで贈与税がかからないという場合は、1年間で2,500万円までかからない、という意味ではありません。相続時精算課税を選択した年以降、その贈与された財産の合計が2,500万円まで、ということです。

ユウコ：毎年2,500万円でなく、累計ということですね。

タロウ：したがって、相続時精算課税を選択すると、それ以降は贈与しても相続税の対象となるので、その意味で相続税の節税はできなくなります。

ユウコ：なるほど、選択するときはよく考えないといけませんね。

タロウ：これが、贈与でも相続税の対象となるケースの1つです。

ユウコ：相続時精算課税を適用したときの贈与は、相続税の対象になる、ですね。でも、1つのケースって、ほかにもあるんですか？

タロウ：暦年課税で贈与税を計算する場合でも、相続税の対象となるケースがあります。

ユウコ：え、そうなんですか。それじゃ、贈与しても相続税が減らないってことですね。

タロウ：他界する前3年間に、相続で財産を取得する人に対して贈与した場合には、その贈与した財産は相続税の対象になります。わかりやすく言うと、他界する直前に駆け込みで贈与して財産を減らしても、それは相続税の対象にしますよ、ということです。その駆け込みの直前の期間が他界する前の3年間、ということです。

ユウコ：そういうことですか。でも、いつ相続があるかわからないから、今、贈与して暦年課税で贈与税を払っても、3年以内に相続が発生したら、相続税の対象になっちゃうってことですよね。

タロウ：そうなります。ですから、暦年課税で贈与した場合でも、その贈与した財産が相続税の対象になるかならないかは、贈与をした後3年たたないと、わかりません。

ユウコ：それじゃあ、贈与しても意味がないってことですか？

タロウ：贈与した後3年間、相続が発生しなければ、それは相続税の対象から外れますので、全く意味がないわけではありません。贈与しなければ相続税の対象に確実になりますが、贈与しておけば相続税の対象からはずれる可能性があります。

ユウコ：確かに、そうですね。

タロウ：確実に相続税の対象からはずしたいのであれば、1つ方法があります。

ユウコ：どうすればいいんですか？

タロウ：この3年ルールですが、相続で財産をもらった人に対する贈与、が対象です。

ユウコ：ということは？

タロウ：例えばお父さんから見た孫、または子供の配偶者は、お父さんの相続人ではありませんから、通常、相続で財産をもらわないでしょう。そういった人たちに贈与をしておけば、3年以内に相続が発生しても、相続税の対象から外れますので、それはいいですね。

タロウ：財産をあげる人を工夫すれば、3年ルールは気にしなくて大丈夫です。ただし、注意しなければいけないのは、贈与は契約ということです。

ユウコ：契約？ 急に話がムズカしくなりましたね・・・。

タロウ：わかりやすく言うと、贈与は、あげる人があげる、もらう人がもらう、という意思を示して、お互いが合意しないと贈与になりません。お父さんがあげる、といってもそれだけは贈与にはならないということです。

ユウコ：そうなんですか？

タロウ：相続税の税務調査で、名義預金がよく調査の対象になります。名義預金というのは、例えば、預金口座の名義は孫になっているんですが、法律上はお金をあげたおじいちゃんが財産の持ち主であるようなケースをいいます。つまり、法律上では、贈与が成立していないものをいいます。

ユウコ：おじいちゃんが、かわいい孫のために、孫名義の預金通帳をつくってそこにお金をいれてくれるっていうのはよくある話だと思いますけど。

タロウ：その場合、孫がもらうという意思を示していないと、贈与が法律上は成立していないことになります。おじいちゃんが勝手に孫名義の預金を作って、管理しているケースで、孫はその預金があること自体知らなかった場合、まさに名義預金に該当します。預金があることを知らないということは、もらう意思を表示していないことの証明になりますから。

タロウ：ですから、3年ルールを考慮して、相続人以外の人に贈与する場合には、この名義預金に気をつける必要があります。まあ、この名義預金は相続人に対して贈与する場合でも、同様にあり得ますので、等しく注意が必要です。

ユウコ：そうなんですね。名義預金とならないためにはどうすればいいんですか？

タロウ：名義預金とならないためには、贈与が成立していたこと、つまり、あげる人があげる、もらう人がもらう、という意思表示をしていたことが必要です。

ユウコ：うーん、具体的にどうすればいいんですか？

タロウ：贈与契約書を作成し、あげる人、もらう人が署名しましょう。もらう人が未成年の場合、法定代理人である両親が署名します。また、後付けで契約書を作成したと言われないように、確定日付を公証役場で入手しておけばより確実です。

ユウコ：なるほど。でも、結構大変そうです

金に該当します。預金があることを知らないということは、もらう意思を表示していないことの証明になりますから。

タロウ：備えあれば憂いなしです。話をもどしますが、暦年課税でも、相続前3年以内に財産を取得する人に対して相続前3年以内に贈与した場合には、その財産も相続税の対象になる、というのはこういうことです。

ユウコ：なるほど。

タロウ：つまり、相続時精算課税での贈与、それから、暦年課税で、相続で財産を取得する人に相続前3年以内にする贈与、が相続税の対象になる、ってことですね。

ユウコ：そうですね。これらも相続税の対象になりますので、基準日を相続が発生した日とみなして現状分析をするときは、これらに該当する贈与があれば、それも財産目録に含めましょう。

ユウコ：ちなみに、その贈与財産はどうやって評価するんですか？

タロウ：基準日の時価でなく、贈与した日の時価で評価します。時価は、相続税評価額ですので、財産の種類によって計算方法が変わります。現預金ならその金額が時価となります。土地・建物を贈与している場合、贈与税申告を行っていると思いますので、その贈与税申告書を見れば、贈与時の時価がわかります。

小規模宅地 特例

タロウ：現状分析をするときに行う相続人調査、相続財産調査について、これまで見てきました。これからは小規模宅地特例を見ていきます。

ユウコ：小規模宅地特例って、相続税の特例でしたよね。

タロウ：そうです。小規模宅地特例が適用できる場合とできない場合とでは、特に東京23区のような地価の高い地域では、相続税が大きく変わる可能性があります。

ユウコ：どれくらい変わるんですか？

タロウ：例えば、路線価40万円の自宅土地を240㎡持っていたとします。適用されている相続税の税率を10％としてみましょう。

ユウコ：はい。

タロウ：小規模宅地特例が適用できた場合、40万円×240㎡×80％＝7,680万円、財産の評価が小さくなります。相続税の税率が10％であれば、7,680万円×10％＝768万円です。

タロウ：このケースでは、小規模宅地特例が適用できれば786万円、相続税が少なくなります。地価が高いところでは小規模宅地特例が適用できるかどうかで、相続税に大きな影響があることが理解できたと思います。

ユウコ：確かに大きいですね。

タロウ：小規模宅地特例には、居住用土地、不動産賃貸事業用土地、その他事業用土地で、適用する場合の条件が異なります。ここでは、居住用土地、不動産賃貸事業用土地についての小規模宅地特例のみ、しっかりついていくとやや難しいので、詳しく見ていくとやや難しいので、学んでいきましょう。

ユウコ：はい、お願いします。

タロウ：まず、居住用土地についてです。自宅土地の小規模宅地特例についてです。自宅土地の小規模宅地特例が適用できた場合、その土地の相続税評価額は80％マイナスされます。

ユウコ：80％マイナスだから、20％で評価さ

×10％＝768万円です。

タロウ：このケースでは、小規模宅地特例が適用できれば、土地の面積240㎡が限度です。

ユウコ：そうです。ただし、上限があって、土地の面積240㎡が限度です。

タロウ：例えば、この小規模宅地特例の条件を満たしている前提で、自宅土地が200㎡だった場合、土地全体が80％マイナスになるということですよね。自宅土地が300㎡だった場合どうなりますか？上限の240㎡を超しているので、全く適用できないということですか？

タロウ：自宅土地が300㎡の場合には、240㎡までの部分は80％マイナスで、残り60㎡部分はマイナスなし、ということになります。

ユウコ：そういうことですね。それじゃあ、居住用土地の小規模宅地特例が適用できる条件は？

タロウ：お父さんが自宅土地・建物を持っており、その自宅にお父さんが住んでいるケースで考えてみます。

ユウコ：はい。うちの父親も同じケースです。

タロウ：その場合、配偶者であるお母さんがその土地を相続した場合、お母さんが相続した土地は、無条件で小規模宅地特例が適用されます。

ユウコ：母親が相続した場合には、特に条件がないということですね。

タロウ：そうです。ただし、子供がその自宅土地を相続した場合には、条件があります。1つは同居で、1つは「家なき子」です。

ユウコ：同居はいいとして、「家なき子」って何ですか？

タロウ：子供が自宅土地を相続する場合には、(1) お父さんの相続前から同居をしており、(2) 相続発生後も継続して、その土地に住んでおり、かつ (3) 持ち続けていること、が条件になります。

ユウコ：つまり、子供の場合には、生前から同居していないと小規模宅地特例が適用できない、ということですね。

タロウ：そういうことです。

ユウコ：「家なき子」というのは？

タロウ：子供が自宅土地を相続する場合で、同居していなくても、「家なき子」に該当すれば、小規模宅地特例を適用できます。家なき子というのは、(1) お父さんと同居している配偶者、相続人がいない、(2) 自宅土地を相続する配偶者、相続前3年間、自宅土地を相続する子供が、相続前3年間、自分および自分の配偶者が所有する建物に、一度も住んだことがない、(3) 相続税申告期限まで相続した自宅土地を持ち続けている、という条件を全て満たす場合です。例えば、賃貸マンションに相続開始前3年間ずっと住んでいた子供が自宅土地を相続した場合で、お父さんが自宅で1人暮らしであったケースは、この家なき子に該当します。このように、家がない、借家住まいの子供が相続する場合に、小規模宅地特例が適用できるケースですので、家なき子と呼ばれています。

ユウコ：そういうことですか。ちょっとややこしいけど、わかった気がします。持家がある子供が転勤で家族と一緒に引っ越しして、自宅は他人に貸して、自分たちは転勤先で貸家に住んだケースは、どうなりますか？

タロウ：持家を持っている・いないは、家なき子の判断には影響がありません。あくまで、相続開始前3年間に、自分・自分の配偶者が持つ家に住んだことがあるか・ないかで判断されます。したがって、自宅を持っていても、相続開始前3年間にそこに住んでいなければ、家なき子に該当する可能性があります。

図11 小規模宅地特例

小規模宅地特例の種類	条件	適用面積（上限）	減額割合
居住用宅地	（他界した人の居住用である土地） ①配偶者が相続した場合 ②他界した人と同居していた親族が相続し、相続税申告期限まで、引き続き居住し、かつ所有している場合 ③他界した人に配偶者・同居していた相続人がおらず、相続前3年以内に、本人およびその本人の配偶者の所有する建物に居住したことがない親族が取得した場合 （他界した人と生計を一にする親族の居住用である土地） ④配偶者が相続した場合 ⑤他界した人と生計を一にしていた親族が取得し、相続前から相続税申告期限まで自分がそこに住んでいる場合	240㎡	80%
不動産賃貸用宅地	親族が取得し、相続税申告期限まで、引き続き所有し、賃貸事業を継続している場合	200㎡	50%

ユウコ：相続の前、3年間に、持家がある・ないという条件でなく、持家に住んだことがある・ないという条件で判断するってことですね。

タロウ：その通りです。ややこしいですが、家なき子の判断は、相続開始前3年間に自分・自分の配偶者の持家に住んだことがある・ない、という点が判断のポイントとなります。

ユウコ：復習すると、父親の場合、(1) 母親が相続すれば条件なく、小規模宅地特例は適用できる、(2) 子供が相続する場合、生前から同居して、相続後も住み続け、かつ持ち続ければ、小規模宅地特例が適用できる他、子供と子供の配偶者が持つ家に相続前3年間住んだことがなく、かつ相続した自宅土地を持ち続ければ、小規模宅地特例が適用できる、(3) 子供が相続する場合で、父親が1人暮らしのときは、子供と子供の配偶者が持つ家に相続前3年間住んだことがなく、かつ相続した自宅土地を持ち続ければ、小規模宅地特例が適用できる、となりますよね。

タロウ：そうなります。子供に持ち家があるとき、お父さんが1人暮らしでないときは、家なき子は使えませんので、実際には、配偶者が相続する、または同居する子供が相続する、ケースで小規模宅地特例が適用されるケースが多いです。

ユウコ：そうなんですか。

タロウ：いま、同居といっても二世帯住宅にしている方が多いと思います。

ユウコ：まわりで同居している人は、確かに二世帯住宅が多いかも。

タロウ：二世帯住宅でもいろいろなタイプのものがあります。玄関、浴室、キッチンは別ですが、リビングなどは共用となっているもの、玄関、浴室など全てが完全に別々のもの、です。

ユウコ：完全に別々にしたほうがお互いに気を遣わないし、楽ですよね。

タロウ：小規模宅地特例の同居ですが、自宅の中で行き来ができる構造の場合には同居として判断されることになっています。

ユウコ：というと？

タロウ：一部共用スペースがある二世帯住宅であれば、同居として取り扱われます。二世帯住宅でも完全分離のタイプについては、家の中にドアがあって行き来ができれば同居として判断されるでしょう。中にドアがないものは同居と判断されないことになります。

ユウコ：そうですね。

タロウ：両親ともに他界した場合、二世帯住宅は大きすぎるため、両親が住んでいた部分を他人に賃貸する可能性もあると思います。その場合には、内部で行き来できる構造だとセキュリティー上、問題があります。

ユウコ：何を優先するか、いろいろな考え方、価値観があると思います。メリットとデメリットを相続税やプライバシーなど様々な観点から検討したうえで判断する、ということだと思います。

タロウ：相続税も気になるけど、ドアがあると、自分の両親ならまだいいけど、義理の両親と気を遣うなあ。

ユウコ：二世帯住宅でもいろいろなタイプのものがあります。お父さん方に二世帯住宅にしている方は、この点も検討した上で判断したほうがよいでしょう。

タロウ：そうなんですか。ユウコ：相続税も気になるかないかで、相続税が大きく異なることがありますので、二世帯住宅の建築を予定されている方は、この点も検討した上で判断したほうがよいでしょう。

タロウ：住宅や相続は、少し長い期間で考える必要がありますので、いろいろな可能性を検討しておいたほうがよいと思います。

ユウコ：そこまで考えると、確かにそうかも。

ユウコ：はい。

タロウ：話は変わりますが、介護と小規模宅地特例を考えてみましょう。万が一、お父さんが認知症になった場合、民間老人ホームに入居する可能性はありますか？

ユウコ：老人ホームですか、確かに可能性あるなあ。その場合、小規模宅地特例に影響があるんですか？

タロウ：居住用土地の小規模宅地特例は、あくまで土地の持ち主がそこに住んでいる場合に適用されるものです。

ユウコ：というと？

タロウ：お父さんがお持ちの自宅土地ですが、持ち主であるお父さんが民間老人ホームに移った場合には、お父さんのお住まいは民間老人ホームに移ったと税務署は考えるようです。そうなると、自宅土地にお父さんが住んでいない、ということになります。

ユウコ：え。それじゃ、適用できないってこと！

タロウ：そうなる可能性が大きいでしょう。

ユウコ：それじゃ、がんばって介護しなきゃ。

タロウ：介護の負担が大きい場合もあるで

しょうから、それは二世帯住宅の話と同じで、メリット・デメリットを相続税以外の様々な点からよく検討して、判断されたほうがよいと思います。

ユウコ：だんだん心配になってきました。認知症じゃなくて、病気になって入院した場合はどうなるんですか？

タロウ：その場合には、お住まいは自宅にあると税務署は判断しているようです。

ユウコ：あー、よかった。入院なら適用できるんですね。

タロウ：ユウコさん、特別養護老人ホームをご存じですか？「特養」と呼ばれるものです。

ユウコ：両親も高齢なので、介護のことも考えたことがあるので、知ってますよ。

タロウ：では問題です。お父さんが特別養護老人ホームに入所した場合、小規模宅地特例は適用できるでしょうか？

ユウコ：老人ホームは適用できないって言ったじゃないですか。

タロウ：特別養護老人ホームへの入所は病院への入院と同じとして、税務署は判断しているようです。したがって、住所は自宅にあるということになります。

ユウコ：そうなんですか。知っていると知らないとでは全然違いますね。

タロウ：現状分析をする場合には、小規模宅地特例が適用できないケース、適用できるケース、両方を検討しておいたほうがよいでしょう。

ユウコ：そうですね。この先、父親がどうなるかわからないですし。

タロウ：最悪のケースを考えて対応しておけば、万が一そうなっても対応できますからね。

ユウコ：そうですね。タロウ先生、不動産賃貸事業用の小規模宅地特例もあるって言ってましたけど。世田谷区にアパートがあるので教えてください。

タロウ：はい、不動産賃貸事業用の土地についても小規模宅地特例はあります。

ユウコ：どれくらい相続税が少なくなるんですか？

タロウ：不動産賃貸事業用土地特例の場合、土地面積の上限が200㎡で、50%マイナスになります。

ユウコ：居住用土地よりも、上限も低いし、マイナス割合も低いんですね。

タロウ：そうです。適用する場合の条件は、

ユウコ：不動産賃貸事業を生前にお父さんが行っていた土地について、その土地を相続した相続人が引き継ぎ、継続して不動産賃貸事業を行い、持ち続ける、ことです。

タロウ：この場合には同居とか条件にないんですね。

ユウコ：不動産賃貸事業を継続していれば、基本的に条件を満たせます。

タロウ：父親の相続のとき、自宅土地には居住用の小規模宅地特例、アパート土地については、不動産賃貸事業用の小規模宅地特例が、それぞれ適用できることですよね？

ユウコ：残念ながら違います。

タロウ：それぞれ別枠で上限が決まっているんじゃないんですか？

ユウコ：自宅土地が240㎡で、その自宅土地に小規模宅地特例を適用した場合、不動産賃貸事業用土地がなくても、そちらには小規模宅地特例の適用はできません。逆に、不動産賃貸事業用土地が200㎡あり、その不動産賃貸事業用土地に小規模宅地特例を適用した場合、自宅土地には小規模宅地特例は適用できません。

タロウ：どちらか1つということですね。どちらを適用するか、順序に決まりはあるんですか？

ユウコ：ありません。小規模宅地特例の条件を満たしているならば、どの土地に適用をするかは、自由に選べます。

タロウ：そうかぁ。でも、実際にはどうやって選択したらいいんですか？

ユウコ：複数の適用できる土地があれば、相続税評価額の㎡単価が高いほうから順番に適用するのが、基本的には有利です。小規模宅地特例は面積で上限が設けられていますので、㎡当たりの相続税評価額が高い土地から適用したほうが、評価減となる金額が大きくなるからです。

タロウ：なるほど、そうですね、確かに。

ユウコ：ただ、居住用土地は240㎡まで80％マイナス、不動産賃貸事業用土地は200㎡まで50％マイナスですから、居住用土地を優先して適用したほうが、相続税は少なくなることが多いでしょう。

タロウ：自宅土地が200㎡の場合はどうなるんですか？

ユウコ：自宅土地は200㎡であれば240

㎡－200㎡＝40㎡分だけ、枠が余っています。この枠は、不動産賃貸事業用土地に適用できます。ただし、居住用土地と不動産賃貸事業用土地では上限が240㎡と200㎡で異なりますので、調整が必要です。

ユウコ：ムズカしい。

タロウ：具体的にいうと、40㎡×（200㎡÷240㎡）＝33.33㎡分だけ、不動産賃貸事業用土地に小規模宅地特例が適用できます。

ユウコ：うーん、少しわかりました。

タロウ：現状分析を行うのが今は目的ですので、小規模宅地特例が適用できるケース、全く適用できないケースの2つのケースを想定して分析をしておけばよいでしょう。

ユウコ：はい、そうしておきます。

配偶者の税額軽減

ユウコ：次に、もう1つの相続税の特例について学んでおきましょう。

タロウ：どんな特例ですか？

ユウコ：配偶者の税額軽減、という特例です。

タロウ：第3部で説明が少しありましたね。

ユウコ：相続税は、夫婦間では、基本的にかからない、もしくはかかっても少なくなるような仕組みになっています。

タロウ：そうなんですか。

ユウコ：それが配偶者の税額軽減、という特例です。財産分けが合意できている必要はありますが、財産分けが合意できている配偶者の税額軽減は適用できます。

タロウ：なるほど。

ユウコ：小規模宅地特例のところで説明するのを忘れていましたが、小規模宅地特例を適用する条件にも、特例を適用する土地について財産分けの合意ができていること、相続税申告をすること、が同様にあります。

ユウコ：夫婦では相続税は全くかからないんですか？

タロウ：配偶者が取得する相続財産は、1億6千万円、または法定相続分のいずれか大きいほうまで、相続税がかかりません。配偶者の法定相続分は子供が相続人であるケースでは2分の1です。相続財産の半分または、1億6千万円のいずれか大きい金額、までの財産を相続した場合には相続税はかかりません。

ユウコ：それじゃよっぽどの財産がない限り、夫婦では相続税はかかりませんね。

タロウ：5億円の相続財産のケースでは、2分の1は2億5千万円で、1億6千万円より大きいので、2億5千万円までは財産を相続しても、夫婦であれば相続税はかかりません。

ユウコ：ということは、財産が1億6千万円以下なら、父親の相続のとき、全部母親が相続したほうが、相続税がかからないから、いいんですか？

タロウ：お父さんの相続のことだけを考えると、確かにお母さんが全部相続したほうが、相続税は少なくなります。

ユウコ：そういうことになりますよね。

タロウ：ただし、お母さんの相続のときに、より多くの相続税がかかります。ですから、一般的には、お父さんの相続のときは、半分はお母さんが相続し、残り半分を子供が相続する、というケースが、相続税の観点からは多いと思います。

ユウコ：小規模宅地特例の適用の問題もあるから、財産の相続のタイミングも考える必要がありそうですね。

タロウ：そうですね。ポイントは、夫婦間での相続については、多くの場合、相続税はかからない、もしくはかかっても小額となりますが、お母さんの相続のときには相続税がかかるので、結局、子供の世代に財産が相続されるときには、相続税がかかってしまう、ということです。

ユウコ：そうですね。父親と母親はそんなに年が離れていないので、父親が他界したら、数年後に母親の相続が起きる可能性が高いですし。

タロウ：そうなんです。ですから、配偶者の税額軽減は考慮せず、相続税を計算して、準備しておいたほうがよいでしょう。

第2編　ケース別対策編

相続税の試算

タロウ：相続人の調査、相続財産の調査を行います。相続税の計算方法を正確に理解することは、少し時間がかかりますし、いくらになるか結果だけわかればそれで目的は達せられると思いますので、相続税の計算方法はここでは省略します。

ユウコ：え、それじゃあ、どうやって相続税を計算するんですか？

タロウ：相続税を試算するエクセルファイルを準備しましたので、そちらに調査の結果を入力すれば相続税が計算できるようになっています。

ユウコ：すごい。

タロウ：ただし、このエクセルファイルは、相続放棄、相続欠格、廃除、養子が孫のケース、など複雑なケースまでは対応していません。

ユウコ：それらの複雑なケースに該当する場合はどうするんですか？

タロウ：大半の方は、これらに該当しないケースだと思いますので、このエクセルファイルで計算ができるでしょう。対応していないケースに該当する方は、個別に専門家に相談することをお勧めします。

ユウコ：わかりました。エクセルファイルの入力はどうやってするんですか？

タロウ：具体的な入力の仕方は、「第6部ケーススタディ」で学びます。ここでは入力した結果の見方だけ学ぶことにします。

ユウコ：はい！

タロウ：エクセルファイルを開いてください。そのファイルの中のシート「メニュー」の下のほうに、「相続税概算の試算」という部分があります。

ユウコ：はい、あります。

タロウ：相続人が誰かによってケース分けをしていますので、該当するケースの部分を見てください。

ユウコ：自分のケースでは、相続人は、母親と私、弟だから、「配偶者と子供のケース」ですね。

タロウ：そうですね。その部分を右に見ていくと、「増税前」と「増税後」と2つのボタンがありますけど。

ユウコ：はい、あります。増税って書いてありますね。

タロウ：はい。民主党政権は、消費税の税率アップを含む、税制抜本改革を進めていますが、その中に相続税増税も含まれています。相続税増税は、平成27年1月1日からの相続について適用することを民主党政権は検討しています。

ユウコ：え、そうなんですか。

タロウ：今のところ、国会では承認がされていないので、相続税増税が民主党政権の考え通り進んでいくかは不透明です。

ユウコ：少し安心・・・。

タロウ：ただし、日本の国家財政は厳しい状況ですから、将来的には増税の方向性で進む可能性が高い、と考えていたほうがよいでしょう。ですから、相続税増税についても、実施されると考えて準備しておいたほうが安心です。

ユウコ：そうですね、そう考えて準備しておいたほうが安心ですもんね。

タロウ：はい。民主党政権が検討しているその相続税増税の内容ですが、大きく分け

73

ユウコ：て3つあります。

タロウ：1つ目は、相続税の基礎控除引き下げです。

ユウコ：基礎控除って、5,000万円＋1,000万円×法定相続人の数、ですよね。

タロウ：そうです。その基礎控除を3,000万円＋600万円×法定相続人の数、に引き下げます。現在の基礎控除から40％下がります。

ユウコ：うーん、かなり下がりますね。どういう影響がありますか？

タロウ：基礎控除は相続税がかかるか否かの分岐点となる金額です。したがって、基礎控除の金額が下がれば、その分だけ相続税を支払う対象者が増えることになります。

ユウコ：そういう影響があるんですね。

タロウ：現在の基礎控除でも相続税の対象となっている方は、基礎控除の引き下げ分だけ、相続税の対象が増えますので、その分に応じた相続税が増加することになります。

ユウコ：いずれにせよ、相続税の対象となる財産の金額が増えるというわけですね。

タロウ：そうなります。2つ目として、死亡保険金の相続税の非課税枠が圧縮されます。

ユウコ：（3）障害者、に限定される予定です。

タロウ：そうなると、父親のケースでは、相続人は母親だけだし、私も弟も、未成年者でも障害者でもないし、母親だけの1人となるってことですか？

ユウコ：そうですね。お父さんのケースでは、500万円×1人＝500万円、になります。

タロウ：つまり、1,500万円だったのが500万円になるから、1,000万円だけ、相続税の対象が増えるということですね。

ユウコ：そういう影響が生じます。相続税増税の3つ目ですが、相続税の税率を見直しです。

タロウ：どういうふうに見直すんですか？

ユウコ：相続税は一律の税率でなく、財産額が大きくなると、税率も上昇する仕組みになっています。つまり、階段状の税率になっています。

タロウ：はい。

ユウコ：その階段を見直して、税率を変更します。

タロウ：話の流れとしては、税率は上がるっ

タロウ：相続で、生命保険会社から保険金を受け取ると、それは相続税の対象となります。ただし、今の相続税の計算では、その生命保険金は、一定の金額までは相続税がかからないことになっています。その相続税がかからない一定の金額を非課税枠といっています。具体的には、今の相続税では、500万円×法定相続人の数、で計算されます。

ユウコ：父親のケースでいうと、相続人は、母親、私、弟の3人だから1,500万円までは、生命保険は相続税がかからないということですよね。

タロウ：そうなります。相続税増税では、その非課税枠を圧縮する予定です。具体的には、500万円×法定相続人の数、で計算するのは一緒ですが、この「法定相続人の数」が限定される予定です。人数としてカウントできるのは、（1）相続直前に生計が一緒の親族、（2）未成年者、

第2編　ケース別対策編

ユウコ：そうですよね。
タロウ：復習しておいてよいでしょう。また、最高税率が50％から55％に引き上げられる予定です。
ユウコ：基礎控除、生命保険の非課税枠、税率、ですね。
タロウ：そうです。これらの影響も検討しておいたほうがよいので、この相続税増税前、つまり現状の相続税と、増税後について、それぞれ相続税概算を試算できるようにしています。
ユウコ：相続税合計ってあります。ただし、2つ数字がありますけど。
タロウ：今話をした増税の実施前の、相続税概算を試算しています。ただし、一定の前提を設けて計算をしていますので注意をしてください。
ユウコ：どんな前提ですか？
タロウ：まず、配偶者の税額軽減は考慮していません。
ユウコ：夫婦間では相続税がかからないっていう話でしたよね。
タロウ：そうです。ただし、お母さんの相続

も考えると、いずれ相続税がかかりますし、お母さんが先に他界する可能性もありますので、現状分析という目的からは、配偶者の税額軽減は考慮せずに、相続税概算を試算しています。
ユウコ：そういうことですね。
タロウ：また、小規模宅地特例について、適用ができるケース、できないケース、それぞれの相続税試算をしています。
ユウコ：それで、相続税合計が2つあるんですね。小規模宅地特例適用ありとなし、ですね。
タロウ：厳密にいうと、自宅土地だけでなく、貸事業用土地についても適用ができます。
タロウ：ただ、不動産賃貸事業用土地まで考慮すると非常に複雑な計算になるので、あくまで小規模宅地特例は、自宅土地について、適用があるケース、ないケースのみで試算しています。不動産賃貸事業用土地については、所有しているケースでも、小規模宅地特例は適用を考慮せ

に相続税概算を試算しています。
ユウコ：わかりました。「第6部　ケーススタディ」のケース①で見比べてみると、小規模宅地特例の適用があるかないかで相続税、全然違いますね。
タロウ：そうですね。自宅土地が路線価の高いところにあるほど、小規模宅地特例の適用があるか・ないか、で大きな影響があります。自宅土地が240㎡以上であれば、路線価×240㎡×80%×相続税率＝路線価×192㎡×相続税率、となりますから、相続税率が高いほど、つまり財産がたくさんあるほど、また路線価が高いほど、つまり地価が高いほど、小規模宅地特例の適用の有無は、相続税の金額に大きな影響を与えます。
ユウコ：そうかぁ。小規模宅地特例についても、しっかり考えないといけないなぁ。
タロウ：そうですね。地価の高い場所に自宅があるケースや、相続財産がたくさんある場合には、小規模宅地特例について、よりしっかり検討したほうがよいでしょう。
ユウコ：はい。

タロウ：先ほどのシート「メニュー」に戻ってください。

ユウコ：はい、戻りました。

タロウ：先ほどの横に、「増税後」ボタンがありますよね。

ユウコ：あります。押してみると・・・

タロウ：増税後の相続税概算を試算しています。こちらも、小規模宅地特例の適用があるケース、ないケース、それぞれを試算しています。

ユウコ：うーん、増税も結構影響ありますね。

タロウ：左隣のシートが増税前の計算シートですから、見比べると、増税前後でどれくらい相続税に変化があるかわかります。

ユウコ：なるほど。「第6部 ケーススタディ」のケース①だと、相続税増税前で、小規模宅地特例適用ありの場合969万円、小規模宅地特例適用なしの場合3,257万円、相続税増税後で、小規模宅地特例適用ありの場合1,777万円、小規模宅地特例適用なしの場合4,470万円、という結果ですね。

タロウ：そうです。

ユウコ：小規模宅地特例、増税を考えると、一番少なくて969万円、一番大きくて4,470万円だから、3,500万円くらい違うってこと！

タロウ：そういうことになります。

ユウコ：家が建っちゃうよ・・・。

タロウ：自宅が路線価の高い場所にある場合には、影響が非常に大きくなりますからね。

ユウコ：どうしたらいいんだろう。何か対策はあるんですか？

タロウ：そこで次に、この現状分析の結果を基に、相続対策を考えていきましょう。

ユウコ：ぜひ！

タロウ：少し疲れたでしょうから、ちょっと休憩してから、相続対策の話に入りましょう。

ユウコ：はい。タロウ先生、確かにこのエクセルシートがあれば、自動的に相続税を計算してくれるので、相続税の計算方法を知らなくても大丈夫ですね。

タロウ：そうですね。みなさんは、相続税の研究をしているわけでなく、相続税がいくらかかるか、対策はないか、という点に関心があると思います。相続税の計算方法を理解していなくても、エクセルシートにデータを入力できれば、相続税が計算できますので、それで十分だと思います。

ユウコ：それなら、相続や相続税について学ぶ必要はそもそもないってことですか？

タロウ：あります。相続や相続税のポイントをおく必要があります。エクセルシートがなんでもしてくれるわけはありません。また、エクセルシートにどのようなデータを入力すべきか、またそのデータをどのように集めるか、ということは、相続や相続税のポイントを理解していることが必要となります。

ユウコ：なるほど。

タロウ：相続税の計算自体はエクセルシートがしてくれますので、その部分は理解する必要がないということです。

ユウコ：わかりました！　では、相続対策の話をお願いします。

第2編 ケース別対策編

第5部 相続対策のポイント

相続対策

タロウ：ユウコさん、では相続対策について考えていきましょう。

ユウコ：はい。相続税、予想よりも多額でした。

タロウ：自宅が地価の高いところにあると、小規模宅地特例、増税の影響は大きくなりますので。

ユウコ：少し、ショック。

タロウ：お父さんの相続が起こってから驚くより、今、現状分析して把握できたのでよかったと思いますよ。

ユウコ：そうかなあ、悩みが増えますよ。

タロウ：まだ相続は起こっていませんから、これから相続対策をしていけば、状況は改善できると思いますよ。

ユウコ：そうですね、状況を今把握できたから、対応策をとれる時間ができたって意味で、よかったですね、前向きにとらえれば。

タロウ：そうですよ。相続対策というと、何か頭に浮かびますか？

ユウコ：借金してアパートを建てるって聞いたことあるけど。

タロウ：ユウコさん、相続税が多額で頭の中が相続税で一杯かもしれませんが、少し落ち着いて考えていきましょう。

ユウコ：は、はい。

タロウ：借金してアパートを建てるというのは、確かによく言われる話です。ただし、これは相続税対策の話です。

ユウコ：相続税対策もテーマでしたっけ？

タロウ：相続税対策もテーマですが、相続対策について考えたいと思います。

ユウコ：相続対策と相続税対策、どう違うんですか？

タロウ：相続対策というのは、3つのポイントから検討していきます。1つ目は財産分け、2つ目は納税資金、3つ目は相続税、です。

ユウコ：相続対策は、相続税対策以外も考えるってことですか？

タロウ：そういうことです。相続では、勿論、相続税の対策も必要ですが、それ以外に財産分けや納税資金についても一緒に考えておかなければいけません。

ユウコ：はい。

タロウ：相続対策というと、相続税対策に目が行きがちですが、相続対策を考える順序というものがあります。

ユウコ：相続対策を考える場合には？

タロウ：相続対策の順序ですが、（1）財産分け対策、（2）納税資金対策、（3）相続税対策、の順序で考えます。つまり、財産分け対策を最初に考える必要があります。

ユウコ：財産分けって、「第2部 相続のキマリ（民法）」で学んだ財産分けのことですか？

タロウ：そうです。

財産分け対策

で話をしてみてはいかがでしょう？相続税がこんなにかかるかもしれないよ、という話の切り出し方で。

ユウコ：そうですね、相続税増税があるから、少し考えておこうという切り口なら、少しは話しやすいかも。

タロウ：残念ながら、いつかは相続の問題は起こってしまいます。時間が経過するこどで自動的に解決するならば、放っておけばよいかもしれません。ただ、相続の問題は、残念ながらそうはなりません。むしろ、時間が経過すればするほど、相続対策をする時間が少なくなるわけですから、問題が大きくなっていく可能性が大きいです。微妙な問題ですから、確かに話しづらいでしょう。ただ、例えば、相続税増税というテーマをきっかけにするなどで、家族で話合いをしたほうが絶対よいと思います。

ユウコ：そうですよね、私も話をしたほうがよいとは思っているんですけど。

タロウ：財産分け対策についての考え方を、復習しますね。

ユウコ：はい。

タロウ：財産のうち、納税のためのもの、財

土地については、誰がどれを相続するか、方向性は話し合っていたほうがよいでしょう。

ユウコ：どうしてですか？

タロウ：ユウコさんと弟さん、失礼ですが、自宅は持ち家ですか？　賃貸ですか？

ユウコ：2人とも賃貸ですけど。

タロウ：であれば、ご両親が住んでいる新宿区の自宅土地、世田谷区のアパートはいずれ、お2人が自宅を建てて住む、という可能性もありますよね。

ユウコ：そうですね。私は両親の自宅に住むかもしれませんね。ただ、弟は北海道で働いているので、東京に住むことはないでしょう、おそらく。

タロウ：そういう状況であれば、例えば、新宿区の自宅土地はユウコさんが相続して、世田谷区のアパート土地は、弟さんが相続する、という話になりませんか？

ユウコ：うーん、弟と相続について話をしたことがないから、どう考えているかわからないなぁ。

タロウ：今回、相続分析をして、その結果を基にして、ここで現状分析をして、その結果を基にして、ご両親、ユウコさん、弟さん

ユウコ：なるほど、そう考えるんですね。

タロウ：財産を、納税用のもの、財産分けのもの、に区別したら、財産分けのものを、相続人の誰がどれを相続するか、検討します。

ユウコ：まだ、父親は元気だし、財産を頂戴っていっているみたいで言いづらいなぁ。

タロウ：確かに、相続の話は微妙なことですので、どのように家族で話を切り出すか、課題はあるでしょう。ただ、預貯金や、株式・債券などの金融資産は別として、

ユウコ：確認をします。そしてその相続税を納める資金があるか、確認します。不足しているようであれば、土地などを将来、処分しなければいけないかもしれません。つまり、相続税の納税資金をどのように調達するか、検討します。相続税の納税資金以外は、相続人で財産分けをすることになります。

タロウ：現状分析をしたら、相続税がいくらか確認をします。

タロウ：前に勉強した共有じゃだめなんですか？

ユウコ：そして、財産分けのものに、まず分類します。そして、財産分けのものに、特に土地建物については、誰が相続するか、財産分けのためのものに、方向性を決めておきます。

タロウ：そのためには、家族で話をしておく必要がある、ということです。

ユウコ：そういうことですね。

タロウ：家族会議以外に、財産分け対策って、何かあるんですか？

ユウコ：納税用のもの、財産分け用のもの、そして誰がどのの財産を相続するか、方向性が決まれば、それで基本的には終わりです。ただし、土地が自宅土地しかない場合で、子供が2人の場合に、土地を分けられない、という状況もあり得ます。

タロウ：土地じゃなくて、その分お金を渡すというのはダメなんですか？

ユウコ：自宅土地の時価が高いと預貯金では不足してしまうケースがあります。また、お金でなく、自宅の土地が欲しい、という方もいます。

タロウ：その場合、どうしたらいいんですか？

ユウコ：自宅土地がある程度広ければ、その土地を2つに分けて分筆しておく、ということも選択肢の1つでしょう。

タロウ：ですから、一般的には兄弟姉妹間で土地を共有することは避けたほうがよいと言われています。

ユウコ：なるほど。共有というのも選択肢の1ではありません。ただし、共有の場合、土地全体を売る場合には共有者全員の同意が必要です。もし、1人でも反対すると処分ができません。

タロウ：兄弟だし、反対しないと思いますよ。まあ、そもそも、売る可能性も少ないとは思いますし。

ユウコ：例えば、ユウコさんと弟さんが土地を共有したとします。

タロウ：はい。

ユウコ：ユウコさんと弟さんが、将来他界したとき、どうなりますか？

タロウ：自分の子供たちが相続することになりますよね。

ユウコ：そうです。この場合には、土地の共有持分がお子さんたちに相続されます。つまり、何十年という期間で考えると、土地の持ち主、つまり共有者は相続ごとに、どんどん増えていく可能性が高くなります。

タロウ：そこまで考えていなかったけど、確かに言われればそうかもしれない。

タロウ：共有と同じですよね？

ユウコ：違います。共有は土地全体を、ユウコさん、弟さん2人で一緒に所有しています。一方、分筆してそれぞれの土地をユウコさん、弟さんが単独で所有しています。共有でなく、単独で所有しているので、自分の意思だけで売ることができます。もちろん、その場合、自宅土地全体でなく、分けた部分の土地を売ることになります。

ユウコ：そういう違いがあるんですね。分筆してそれぞれが相続すれば、相続した部分は100％自分のものになるから、自由にできるってことですね。

タロウ：そういうことです。ただ、分筆した土地に家が建

ユウコ：土地とは違うんですか？

タロウ：土地を分筆して、2つの土地に分けたとします。そのうちの1筆の土地をユウコさんが相続して、別の1筆を弟さんが相続します。

第2編　ケース別対策編

ユウコ：遺留分というのは、必ず払わないといけないんですか？

タロウ：遺留分は、遺言があっても、相続人が最低限、相続で財産をもらえる割合で、それは権利で財産をもらった場合のみ、認められます。

ユウコ：権利を主張しなかった場合は？

タロウ：相続人が遺留分の権利を主張しなかった場合には、遺留分に相当する財産を支払う必要はありません。あくまで、遺留分という権利を主張した場合に、はじめて支払う必要が生じます。

ユウコ：相続が起こってからいつまで権利を主張できるんですか？　まさか、永久というわけではありませんよね。

タロウ：遺留分の主張は、「相続の開始及び減殺すべき贈与又は遺贈」があったことを知った時から1年間です。

ユウコ：うーん、もう少しわかりやすく説明してください。

タロウ：他界したことを知って、かつ、その相続では遺言があって、自分には遺留分未満しか財産がもらえないことがわかったときから、1年間ということです。

ユウコ：遺留分の権利が主張となるんですか？

タロウ：遺留分の主張をされたら、必ず支払う必要があるんですか？

ユウコ：例えば、財産分けや相続税の話の中

で、全体財産がいくらで、遺言でほとんどの財産は兄弟の1人が相続する、ということがわかったとき、という

タロウ：そうなるでしょうね。ただし、相続開始のときも、遺留分の主張はできないということですね。

ユウコ：遺留分未満しか相続できないということを知らずに、他界してから10年たったら、主張できないということですか？

タロウ：そういうことです。相続発生してから10年経過すれば、遺留分は主張できません。もちろん、それ以前に、遺留分未満しか財産が相続できないことを知った場合には、そのときから1年間に主張しなければ、その時点で権利を主張できなくなります。いつまでも権利が主張できる状態にしておくと、お互いに不安定ですので、一定の期間の制限を法律で設けている、ということです。

ユウコ：なるほど。いずれにせよ、どうやって財産を分けるか、方向性だけは話をしておいたほうがよさそうですね。

タロウ：万が一、財産分けで争いになる可能性が高い場合には、お父さんに遺言を書いてもらう、ということも検討が必要です。

ユウコ：遺言ですね。

タロウ：ただし、遺言で1人に全部の財産を相続させる、と書いても、遺留分の問題がありますので、その点は注意する必要があります。

ユウコ：遺留分ですね、相続人が最低限、相続で財産をもらえる割合のことでしたよね。

タロウ：そうです。通常のケースでは、法定相続分の2分の1が、遺留分になります。遺留分だけは注意が必要です。

つような広さ、間口でないと、売ろうと思っても買い手がいないでしょう。ですから、分筆する土地はある程度の面積、道路付けの良さが必要です。分けられない場合には、土地全体を売却して、入ってきたお金を2人で分ける、という選択肢もあるでしょう。

時点で相続財産が共有となります。

ユウコ：共有になるんですか。

タロウ：その後、協議を行い、遺留分までの不足している分について、相続財産を返還するか、お金で弁償することになります。

ユウコ：そうなるんですね。

タロウ：話は戻りますが、財産分けの方向性がある程度決まった場合、遺言がなければ、相続が発生したときに、相続人全員で財産分けの話合いをして、相続人全員が合意しなければいけません。

ユウコ：事前に、財産分けの話合いをして方向性を確認しているんだから、争いにはならないと思いますけど。

タロウ：そうかもしれません。ただ、事前に方向性を確認しておいても、実際に相続が起こったときに、事前に話し合った内容と違うことを主張されたらどうします？

ユウコ：あらら・・・、そうなんですか。

タロウ：でも、相続のときに、いきなり話合いをするよりも、事前に財産分けの話し合って確認しておいたほうが、財産分けの話合いがまとまる確率は高くなるのではないでしょうか？

ユウコ：そうですね、確かに。一応、事前に話をして納得したでしょ、って言えますからね。

タロウ：多くのケースでは、事前の話合いがあれば、実際の相続のときにも、事前の話合いでの合意通りに、財産分けはできるでしょう。ただ、相続人の1人の状況が変わってしまった場合など、事前に確認した内容と異なる主張をしてくる可能性はあり得ます。

ユウコ：それは話が違うと言います（笑）。

タロウ：そうですよね。でも、法律的には、相続が発生したときに、相続人全員で合意できないと、財産分けは完了しません。事前の話と違うと主張しても、法律上は、事前に確認した内容で財産分けをしなければいけない、ということにはなりません。

ゼロではない、ということだけは理解しておいてください。

ユウコ：状況が変わるって、例えば、どんなことがあり得ますか？

タロウ：例えば、病気になってしまって以前のようには働けなくなり収入が不安定になった場合、お子さんが難病になって多額の医療費が必要になった場合、事業に失敗して多額の借金を抱えてしまった場合など、以前よりもお金が必要となったときが考えられるでしょうね。

ユウコ：なるほど、そういうケースであれば、確かに権利を主張するかもしれませんね。自分もそうするかもしれません。

タロウ：ということまで考えると、絶対に相続したい財産は、確実に相続できるよう、法律の手続を事前にしておく、ということも必要です。

ユウコ：絶対に相続したい財産といっても、特にありませんけど。

タロウ：ご両親と同居するために、自宅を建て替えて二世帯住宅にしたとします。

ユウコ：はい、そういうケースも確かにありえますね。両親と同居することも少しは考えていますので。

82

第2編　ケース別対策編

タロウ：その自宅土地について、遺留分を主張されたらどうしますか？

ユウコ：そうであれば、遺留分について問題はありません。

タロウ：え、困ります。家の建築費は私が当然出えるだろうし、住宅ローンも残っているはずだから。

ユウコ：そうですよね。ですから、そういう場合には、自宅土地は法律上、相続できるように、例えば、土地の持ち主であるお父さんに遺言を書いておいてもらう、ということも1つの手段です。

タロウ：なるほど。法律上も間違いなく相続したい財産は、遺言で書いておいてもらう、ということですね。

ユウコ：そうです。遺言があれば、間違いなく相続できます。ただし、注意をしなければいけない点がいくつかあります。

タロウ：どんなことですか？

ユウコ：まず、遺言の内容が遺留分を侵害していれば、遺留分の請求をされる可能性があります。

タロウ：そうでしたよね。でも、事前に財産分けの話合いで合意をしておくつもりですから、遺留分以上は、それぞれが相続すると思います。

タロウ：他にも何かありますか？

ユウコ：遺言は、財産をあげる人、つまりお父さんが残すものです。

タロウ：そうですよね。私が残すものじゃないです。

ユウコ：ですから、お父さんが遺言を書く、と言ってくれないと駄目です。

タロウ：父親を説得しなければいけないということですね。

ユウコ：加えて、遺言は何度も書き直すことができます。つまり、一度書いた後、書き直した場合、後日書き直したものが法律上は有効となります。

タロウ：そうです。一番新しい遺言が、法律上は有効となります。

ユウコ：それじゃ、父親を説得して遺言を書いてもらっても、油断大敵ですね。喧嘩しないようにしないと（笑）。ちなみに、遺言を変更したかどうかは調べられるんですか？

タロウ：遺言を残した本人以外は調べられません。

ユウコ：え、そうなんですか？

タロウ：それから、遺言を作成しても、後日、トラブルになることもありますので、公正証書にしておいたほうがよいですよ。

ユウコ：公正証書ですか？

タロウ：公証役場に行って遺言を、公正証書として作成する、ということです。公証人が一定のルールに従って遺言を作成しますので、後日、トラブルになることを防止できます。

ユウコ：公証役場ですね。ただ、作成にお金もかかりますよね、当然。

タロウ：そうですね、遺言に記載する財産の金額により手数料は異なります。財産が1億円とすると、数万円だと思いますよ。詳しくは公証役場のホームページを見ればわかります（http://www.koshonin.gr.jp/yu.htm）

ユウコ：1億円で数万円ですか、意外と高くないんですね。

タロウ：それから公正証書にする場合の注意点ですが、証人が2人必要です。

ユウコ：母親と私の2人で大丈夫ですよね？

タロウ：遺言を公正証書で作成する場合、相

続人となる方、遺言で財産をもらう方などは、証人にはなれません。ですから、お母さんとユウコさんは証人にはなれません。

ユウコ：え、それじゃ誰に証人になってもらったらいいんですか？ 家族の微妙な問題だし、お願いできる人がいないなあ。

タロウ：公証役場に相談すれば、費用はかかりますが、証人となる方を紹介してくれると思います。また、弁護士、司法書士、税理士などの専門家に、遺言の作成を依頼すれば、費用はかかりますが、証人にもなってくれるでしょう。

ユウコ：これから家族会議を開くことを提案する段階なので、遺言を作ってもらうかどうかわからないけど、父親の相続が起こったとき、遺言があるかどうか、どうやって調べるんですか？ 遺言は、残したほうがよさそうですね。

タロウ：なるほど、費用を検討した上で考えたほうがよさそうですね。

ユウコ：それじゃあ、そうするんですか？

タロウ：遺言は大切なものですから、自宅金庫や、銀行の貸金庫などに保管しているのが通常でしょう。保管されていそうな場所を調べてみましょう。

ユウコ：そういうことですね。見つかった場合には？

タロウ：家庭裁判所で検認が必要です。

ユウコ：公正証書遺言以外は、金庫などを調べて、もしあったら家庭裁判所へ行かなければいけないと。

タロウ：そうです。遺言以外にも、法律的にいう記載がある戸籍謄本や、自分の身分証明書などが必要となりますので、公証役場に事前に電話で必要資料を確認したほうがよいでしょう。

ユウコ：公正証書の場合は、公証役場で調べると。確か、遺言には自筆証書遺言と秘密証書遺言というものがあると、「第2部 相続のキマリ（民法）」に書いてあった気が・・・。

タロウ：そうですね。遺言には、公正証書遺言、自筆証書遺言、秘密証書遺言の3種類があります。自筆証書遺言と秘密証書遺言の場合には、公証役場では調べられません。

ユウコ：確実に財産をもらう方法を遺言以外にもあるんですか？

タロウ：生前贈与する。

ユウコ：生前贈与？ 生前贈与するんだから、相続とは関係がない気がしますけど。

タロウ：例えば、お父さんがユウコさんに自宅土地を法律的に確実に相続してもらいたいと考えたとき、遺言が1つの方法であることは学びました。

ユウコ：そうですね。

タロウ：別の方法として、生前贈与も選択肢となります。お父さんがユウコさんに自宅土地を相続してほしいと考えた場合に、その自宅土地をユウコさんへ生前に贈与すると、相続のときにどうなりますか？

ユウコ：生前贈与した時点で、私の名義の土地になって、他界した時点では父名義の土地ではないから。

タロウ：そうです。他界した時点では相続の対象ではなく、財産分けの話合いの対象にはなりません。

ユウコ：そうか。そう考えると、事前に贈与して名義を変更しておけば、確実に財産をもらえるってことですね。

タロウ：そうです。その意味で、遺言と同じ効果があります。ただし、生前贈与の場合にも遺留分の問題は、遺言と同じように生じる可能性がありますので注意が必要です。

ユウコ：なるほど。それ以外に生前贈与で注意しなければいけない点は？

タロウ：遺言で財産をもらう場合には相続税の対象となります。生前贈与で財産をもらう場合には贈与税の対象になります。通常、土地は価値の高いものですから、原則的な贈与税の計算方式である暦年課税で計算すると多額の贈与税が発生します。

ユウコ：それは大変。

タロウ：ですから、その場合には、相続時精算課税を選択して贈与税を相対的に少額にするようにすることが多いです。また、不動産取得税や登録免許税は、相続で取得する場合よりも、贈与で取得した場合のほうが通常、多額になりますので、この点も注意が必要です。

ユウコ：生前贈与は税金が大変そう。

タロウ：そうです。財産分け対策については、大体話をしたので、ここで復習しておきましょう。

ユウコ：そうですね、いろいろ勉強したので、頭の中を整理したいです。

タロウ：まず、現状分析をすることで、相続人が誰であるか把握できます。また、現時点での相続財産が、一覧表形式で、かつそれぞれの時価がわかります。

ユウコ：そうですね。相続人の誰が、どの財産をもらうか方向性を話しておく、でしたよね。

タロウ：そうです。もう1つ忘れてはいけないのは、税務署です。

ユウコ：税務署？あ、そうでした。相続税を納めるための財産を準備しておくってことでしたよね。

タロウ：そうです。次の納税資金対策でも話をしますが、税務署へ相続税を納める分は、まず優先して考えておきます。残りの財産について、誰がどの財産を相続するか、大きく方向性を話し合っておく、ということです。

ユウコ：頭の中がスッキリしました。

タロウ：では、今、話がでた納税資金対策に移りたいと思います。

ユウコ：はい。ちょっと休憩したいんですけど。

タロウ：そうですね、ちょっと一息しましょう。

ユウコ：遺言を書いてもらって、油断大敵、喧嘩はダメ（笑）、ですね。

タロウ：それから、遺留分です。

ユウコ：はい、遺留分ですね。遺言で注意しなければいけないのは、遺留分です。

タロウ：通常のケースでは法定相続分の半分でしたね。

ユウコ：法律上、確実に相続したい財産については、遺言を残してもらうってことしたよね。

タロウ：そうです。遺言は、後日トラブルにならないように、公正証書遺言がよいでしょう。ただし、何度も書換えができますので、遺言を書いてもらったからといって、後日書換えがされればそちらが有効になる、ということです。

納税対策

相続税がかかりますし、また、お母さんが先に他界する可能性もありますから、配偶者税額軽減を考慮しないで相続税を考えておいたほうがよいでしょう。

ユウコ：両親2人の相続で、合計ではこれくらいの相続税がかかる、ということですね。

タロウ：さあ、一服したところで、納税資金対策について考えていきましょう。

ユウコ：はい、お願いします。

タロウ：ここで納税資金というのは、相続税の納税資金という意味です。

ユウコ：はい。相続税は、「第6部 ケーススタディ」ケース①の現状分析の結果だと、相続税増税前で、小規模宅地特例適用ありなら969万円、小規模宅地特例適用なしなら3,257万円、増税後で小規模宅地特例適用ありなら1,777万円、小規模宅地特例適用なしなら4,470万円、となっています。

タロウ：そうですね。この相続税概算試算は、相続税の配偶者税額軽減は考慮してませんから、お父さんの相続のときに、財産の半分をお母さんが相続するのであれば、この金額の約半分が相続税になります。

ユウコ：そうなんですか。

タロウ：ただし、お母さんの相続のときにも相続税がかかりますし、また、お母さんが4,470万円かかったら、どうします？

ユウコ：うーん、困ります（笑）。

タロウ：ですから、あんまり考えたくないもしれませんが、対策としては最悪のケースで準備をしておく、ということが基本です。備えあれば憂いなしということです。

ユウコ：厳密な計算は異なる可能性がありますが、そう考えておけばよいでしょう。

タロウ：一番少なくて969万円、一番大きくて4,470万円。納税資金はいくら準備しておけばいいんでしょう？

ユウコ：対策の基本は、一番不利なケースで考えておくことです。そうすれば、何があっても対応できるからです。

ユウコ：ということは、納税資金として4,470万円を準備しておく、ということですか？

タロウ：そうです。それで対策しておいて、相続税がそれよりも少なくなれば、余ったお金はユウコさん、弟さんの財産になります。

ユウコ：そうですね。

タロウ：今、お父さんの相続が発生したら、現預金3,000万円、生命保険3,000万円、合計6,000万円のお金がありますから、これで相続税を納めることが可能です。

ユウコ：そうか、これで納めればいいんですね。

タロウ：ユウコさんのお父さんの場合、現状では現預金や保険金が多額にありますので、結果として納税資金は大丈夫だと思います。ただし、今後、お父さんに多額の医療費がかかった場合など、実際の相続のときには現預金が少なくなっている可能性はあります。

ユウコ：逆に、例えば969万円の納税資金で対策をしておいて、結果として相続税

第2編　ケース別対策編

タロウ：財産が減れば相続税も減ります。
ユウコ：そうですね。でも、財産が減れば相続税も減りますよね。
タロウ：でも、これで現預金が少なかったり、保険金がなかったりしたら、どうしますか？

第6部　ケーススタディ　ケース①で、シート「その他財産」の預貯金・現金を0円にすると相続税はどうなりますか？

ユウコ：増税前・小規模適用ありで488万円、適用なしで2,507万円、増税後・小規模適用ありで1,179万円、適用なしで3,557万円、になってます。
タロウ：そうすると、保険金3,000万円、株式200万円、債券200万円の合計3,400万円ですから、最悪のケースの3,557万円では、157万円不足になります。
ユウコ：そうですね。父親にはお金を残してもらわないと。
タロウ：現実には、年金もあるでしょうし、また、アパートからの賃料収入もあると思いますので、3,000万円が全額なくなる、という可能性は小さいと思います。今の時点では、納税資金は最悪のケースで考えても、足りていますから、これ以上考える必要はないでしょう。
ユウコ：少し安心しました。

タロウ：現実は他界してそういうケースも多くあります。相続税は他界してから10ヶ月後に、現金で一括して納めるのが原則です。
ユウコ：10ヶ月ですか、短いですね。
タロウ：ただし、現金一括で納めるのが難しい場合、延納といって、要するに分割払いを選択できます。
ユウコ：分割払いもオッケーなんですか？
タロウ：常に認められるわけではありませんが、認められれば最長20年の分割払いにできます。
ユウコ：20年払いなら、何とかなるかも。4,470万円÷20年＝223万円、ですよね。
タロウ：そうですが、金利も支払う必要があります。正確には、利子税といいますが、要するに利子のことです。
ユウコ：どれくらいかかりますか？
タロウ：日本銀行が基準割引率というものを公表していますが、それに応じて決まります。相続財産のうち土地建物が半分以上であれば、現状で土地建物に係る相続税については、現状で日本銀行の基準割引率が0.3％で、利子税は2.1％になります。
ユウコ：4,470万円×2.1％＝約94万円だから、税金と利子の合計で年間300万円以上、払うってことですか。
タロウ：毎年払った分だけ、相続税延納額が減っていくので、利子税は減っていきますが、イメージとしてはそうなります。
ユウコ：それは結構大変かも。
タロウ：そういう場合には、土地の一部を売却する、ということも選択肢としてありえます。
ユウコ：自宅以外に土地があるのであれば、その土地を売却する、ということが考えられます。自宅を売却することでも、もちろん問題ありません。
ユウコ：土地を売るんですか？
タロウ：もちろんです。一部でもいいですし、全部じゃなくて、一部でもいいでしょう。いずれにせよ、相続税が納税公表していますが、土地が広い場合にはその土地の一部を売却することでもよいでしょう。いずれにせよ、相続税が納税できれば十分なわけですから。
ユウコ：そうですよね。

タロウ：納税資金が不足しているケースで、どこかの土地を売却しなければいけない場合、土地を売却できるように、準備を事前に進めておくほうがよいです。

ユウコ：具体的にはどんなことをしておくんですか？

タロウ：今すぐに売らなければいけない、ということではありませんが、相続で納税資金が不足した場合に、すぐに売れるように事前に準備しておく、ということです。土地を売る場合には、測量や境界の確定が必要です。

ユウコ：測量や境界の確定ですか。

タロウ：特に境界の確定は、隣地の土地持ち主に印鑑を押してもらうことになりますので、場合によっては時間がかかるケースがあります。

ユウコ：そうなんですか。

タロウ：そういうことも考えると、売る可能性がある土地については、測量、境界確定の手続を事前にしておいたほうがよいでしょう。

ユウコ：でも、測量は自分ではできませんけど。

タロウ：土地家屋調査士という専門家に依頼することになります。

ユウコ：土地家屋調査士の方ですね。ちなみに土地の一部を売却する場合には、何か準備しておく必要はありますか？

タロウ：土地の一部を売却する場合には、売却する一部が分筆されているか確認する必要があります。分筆されていないのであれば、売却する部分だけを分筆する手続をしておいたほうがよいでしょう。

ユウコ：分筆する場合、どんな手続が必要ですか？

タロウ：土地の分筆を行う場合、測量を行い、隣地の土地所有者に境界の確認をしてもらうことになります。

ユウコ：ということは、売るときと同じで、お隣の人に境界についてハンコをもらう必要があるってことですか？

タロウ：その通りです。

ユウコ：あらら、それじゃあ、時間がかかるかも。

タロウ：土地の分筆も隣地の土地所有者に境界の確認をもらう必要がありますので、時間がかかる可能性や、そもそも境界確定ができない可能性もあります。

ユウコ：そうですよね。

タロウ：隣地の土地所有者との交渉になりますので、専門家にお願いするという方法もあります。

ユウコ：それは誰に相談すればいいんですか？

タロウ：土地家屋調査士の方ですね。

ユウコ：測量も分筆も土地家屋調査士の方が専門なんですね。

タロウ：そうです。ここで、納税資金について、まとめます。

ユウコ：はい、お願いします。

タロウ：納税資金が足りているか、現状分析をします。不足している場合には、土地を売却することが選択肢の1つとなります。その場合には、納税資金に足りるような金額の土地の売却を検討する必要があります。売却予定地については、測量や分筆を事前準備しておいたほうがよい、ということです。

ユウコ：実際に分筆や測量をお願いするのは、土地家屋調査士の方ですね。

タロウ：そうです。では、次に相続税対策について考えていきましょう。

相続税対策

タロウ：相続税対策ですが、基本的な考え方を、まず説明します。

ユウコ：はい。

タロウ：相続税対策は、相続税の対象となる財産を減らす、というのが基本的な考え方です。財産が多いほど、相続税がかかるのですから。

ユウコ：そうであれば、全部使っちゃえばいいってことですか？

タロウ：財産がゼロであれば相続税はかかりません。ただ、現実的には難しいと思います。

ユウコ：確かに、全部なくすのは難しいですよね。

タロウ：そこでポイントは、相続税の対象となる財産を減らす、ということです。

ユウコ：相続税の対象となる財産、という点がポイントですか？

タロウ：そうです。例えば、贈与で財産を子供へ移転させれば、その分、財産が減り

ます。

ユウコ：でも、贈与税がかかりますよね。

タロウ：そうです。それについては後ほど説明します。その他には、生命保険に加入する、お墓を生前に購入する、というのも対策になります。

ユウコ：なんでですか？

タロウ：生命保険には、相続税の非課税枠があるということを学びましたよね。

ユウコ：はい、500万円×相続人の数ですよね。ただし、増税で非課税枠が小さくなる予定ですよね。

タロウ：そうです。その相続税の非課税分まで生命保険に入ると、相続税の対象となる財産は減少します。

ユウコ：なるほど。

タロウ：500万円の預金を一括払いして、終身保険に入り、その死亡保険金が500万円であれば、500万円の預金が、500万円の生命保険に変わっただけです。

ユウコ：そうですね、終身保険なら他界したら必ず支払われるわけですから。

タロウ：相続税の取扱いは同じですから。

ユウコ：預金は相続税の対象に100％なり

ます。生命保険は、非課税枠までは相続税の対象になりません。

タロウ：そうですね。ですから預金500万円を生命保険500万円に変えると、相続税がかからなくなります。

ユウコ：なるほど。資産を組み替えるだけで、相続税がかからなくなるということですね、見方を変えれば。

タロウ：ただし、既に非課税枠分の生命保険に入っていれば、相続税の節税効果はありません。

ユウコ：確かにそうですよね、非課税枠を使い切っているわけですから。

タロウ：加えて、預金と生命保険との商品としてのリスクも異なることは理解しておく必要があります。

ユウコ：商品としてのリスクですか？

タロウ：預金の場合、万が一、預けている銀行が破綻した場合、元本1,000万円までは保護されます。生命保険の場合には、加入している保険会社が破綻した場合、契約は引き継がれますが、責任準備金が削減され、予定利率が引き下げられる可能性があります。つまり、契約条件が悪くなる可能性があります。

ユウコ：銀行とか保険会社がつぶれることなんて、あんまり考えていなかったけど。

タロウ：預金も生命保険も、金融商品ですから、それぞれリスクがあります。相続税対策といって生命保険に加入しても、生命保険契約自体で損をしては意味がありません。しっかりと、商品のリスクは理解して判断していく必要があります。

ユウコ：そうですよね、バブル崩壊して、銀行も保険会社もつぶれたことがありましたもんね。

タロウ：相続は10年、20年先に発生するという可能性もあります。ですから、長い視点で考えておく必要があります。

ユウコ：わかりました。

タロウ：生命保険と同じように、相続税対策ができるものに、死亡退職金というものがあります。

ユウコ：死亡退職金ですよね。

タロウ：そうです。多くの方は、他界する直前には会社勤めをされていないでしょうから、退職金をもらうことは少ないと思います。

ユウコ：そうですよね。父親も退職していま

すから、相続のとき死亡退職金は会社からもらえませんね。

タロウ：自分で会社を経営されている方は、他界されるまで役員であることも多いですから、そういう場合には死亡退職金が支払われます。

ユウコ：死亡退職金も、相続税の非課税枠がありましたよね。500万円×法定相続人の数でしたっけ？

タロウ：そうです。相続税増税で、死亡保険金の非課税枠は圧縮される予定ですが、死亡退職金の非課税枠は現状のまま、とされています。

ユウコ：そうなんですか。でも、そもそも死亡退職金がでないから関係ないですけど。

タロウ：賃貸不動産をお持ちの方は、小規模企業共済という制度に加入することができます。

ユウコ：小規模企業共済ですか？

タロウ：賃貸不動産を持っていれば常に入るというわけではありませんが、所得税前にはの事業規模の基準を満たしていれば加入できます。

ユウコ：どれくらいの規模が必要なんです

か？

タロウ：5棟10室です。一戸建てを賃貸している場合は5棟、アパートやマンションを賃貸している場合には10室以上、ということです。

ユウコ：なるほど、結構大きな規模ですね。小規模企業共済と死亡保険金と関係あるんですか？

タロウ：小規模企業共済は、毎月最高7万円の掛金を支払うことができます。

ユウコ：はい。

タロウ：支払った掛金は、支払った人が他界するまで解約しなければ、全額返還されます。

ユウコ：ということは、積み立てているってことですよね。

タロウ：そういうイメージでよいと思います。支払った掛金は全額、所得税の計算上、所得控除できます。わかりやすくいえば、経費として取り扱われ税金が少なくなる、とイメージしておけばよいでしょう。

ユウコ：いいですね。

タロウ：他界したときに戻ってくるお金は、死亡退職金として相続税が課税されま

ユウコ：す。

タロウ：死亡退職金になるんですね。

ユウコ：死亡退職金にも、相続税の非課税枠があります。

タロウ：死亡退職金にも、相続税の非課税枠がありますから、500万円×法定相続人の数までであれば、相続税がかかりません。

ユウコ：え、それすごい！払ったときは、所得税の税金が安くなって、戻ってくるときは相続税がかからない。

タロウ：死亡退職金は、非課税枠の範囲まで相続税はかかりませんが、それを超える分について相続税はかかります。

ユウコ：それでも十分、税金安くなりますね。

タロウ：そうですね。ただし、他界する前に解約した場合には、払った金額のうち一部が戻ってこないケースがあります。

ユウコ：途中で解約しなければいいんですよね。

タロウ：そうですね。小規模企業共済は、独立行政法人中小企業基盤整備機構という組織が運営しています。

ユウコ：死亡保険金、死亡退職金以外で、他にありますか？

タロウ：墓地や仏具というのもあります。

ユウコ：お墓ですか？

タロウ：墓地や仏具は、相続税が非課税となっています。先ほどの死亡保険金・死亡退職金の非課税枠の話と同じです。

ユウコ：お金で持っていると相続税の対象となるけど、生前にお墓を買っておけば、つまり、お金をお墓に変えておけば、相続税の対象にはならない、ということですね。

タロウ：そうです。既にお墓や仏具があるのであれば必要ありませんが、ない場合には、いずれ購入することになるでしょう。

タロウ：確かに、そうですね。

タロウ：であれば、生前に購入しておけば、その分に対応する相続税だけ少なくなるということです。

ユウコ：なるほど。ただ、子供が両親にそれをいうのはなんか気が引けますね。

タロウ：財産分けの話や、相続税の話を家族会議でする機会があれば、相続税対策についても話がでるでしょう。

ユウコ：そうですね。その時に、生命保険とか小規模企業共済とか、お墓の話をすれば、流れで話ができますね。

タロウ：生命保険に入ってほしいと提案するのでなく、生命保険に入れば、相続税がいくら少なくなる、という事実があるわけですから、その事実だけ話をすればよいと思います。

ユウコ：そうですね。

タロウ：まあ、相続税対策まで家族で話が進んだのであれば、税理士などの専門家に同席してもらって、提案を受けたほうがよいでしょう。

ユウコ：確かにそうですね。相続税もいろいろ変わっているかもしれませんしね。そのときは、タロウ先生お願いします。

タロウ：もちろんです。こちらこそ、宜しくお願いします。死亡保険金、死亡退職金、墓地・仏具について話をしてきました。次は贈与について話をしてみましょう。

ユウコ：贈与ですよね。生前に贈与しておけば、他界したときは、他の人の持ち物になっているから、贈与した分だけ、財産が減っているってことですよね。

タロウ：その通りです。

ユウコ：ただし、相続時精算課税を使った場合、または暦年課税でも相続前3年以内に贈与した場合、相続税の対象になってしまうんでしたよね。

タロウ：そうです。しっかり理解してますね。贈与税は、相続税よりも税率が高いです。1,000万円を贈与でもらった場合と、相続でもらった場合だと、贈与税のほうが高くなります。

ユウコ：相続税は基礎控除が5,000万円＋1,000万円×相続人の数だから、1,000万円なら相続税はかかりませんね。

タロウ：そうです。ただし、贈与税の場合には、基礎控除は110万円です。1,000万円贈与を受けたときは、（1,000万円－110万円）×40％－125万円＝231万円かかります。

ユウコ：贈与税の計算、暦年課税だと思いますが、税率はどうなっているんですか？

タロウ：贈与された金額から基礎控除をマイナスした残額が大きいほど、税率が上昇します。1,000万円を超えると50％になります。

ユウコ：それは高いですね。

タロウ：贈与税の速算表は、前にも言いましたが、国税庁がホームページに公表しています（http://www.nta.go.jp/taxanswer/zoyo/4408.htm）。それを

見れば、自分で計算できます。

ユウコ：そうでした。

タロウ：話は戻りますが、相続税よりも贈与税のほうが、同じ金額なら税金は高いことは理解できたと思います。

ユウコ：はい。

タロウ：相続は1回だけ、つまり人間は1回しか死にません。ただし、贈与は何回でもできますから、毎年贈与することで財産を細かく分けて、移転することができます。

ユウコ：なるほど、それで贈与税のほうが高くなるようにしているんですね。

タロウ：そうです。ただし、暦年課税にも基礎控除が110万円まではありますから、その金額までは贈与しても贈与税はかかりません。

ユウコ：相続前3年以内のことを考えれば、子供でなく、孫、または子供の配偶者に贈与する、ってことでしたよね。

タロウ：そうです。相続まではまだ時間があるときには、例えばお父さんの相続税対策で、お母さん、子供、孫に110万円ずつ贈与すれば、かなり財産を減らせま

す。

ユウコ：母親、私、弟の3人で、1人110万円とすると、330万円。

タロウ：5年続けると、330万円×5年＝1,650万円。もし、お孫さんまで贈与すれば、人数が増えますから、さらに財産が減らせます。

ユウコ：かりに子供2人で、孫4人であれば、母親、子供2人、孫4人で合計8人。110万円×8人で880万円。880万円×5年で4,400万円。

タロウ：そうなりますね。問題は、現預金を贈与していくと、お父さんの金融資産が減ってしまうので、贈与するお父さんとしては使えるお金が減ってしまって、今後の生活費が心配だ、という声はよく聞きます。

ユウコ：父親の立場としては、そう思いますよね。

タロウ：そこは話合いをして、預貯金全部というわけでなく、お父さんが安心できるくらいは預貯金をとっておく、ということでしょうね。

ユウコ：そうですよね、相続税だけじゃなくて、他のことも考えた上でバランスをとるってことですね。

第2編 ケース別対策編

ユウコ：土地を贈与するっていうのはどうでしょう？

タロウ：その通りだと思いますよ。

ユウコ：というのは考えないほうがいいですね。

タロウ：今、土地の価格は下がっている、または横ばいになっている地域が多いと思います。大幅に地価が上昇する状況になれば、生前贈与は意味があります。

ユウコ：不動産取得税とかがかかるから、あんまり意味がないって話でしたよね。

タロウ：土地5千万円を贈与するケースで考えます。贈与後、地価が上昇して、相続のときには1億円になっていたとします。

ユウコ：はい。

タロウ：贈与せずに、相続まで土地を持っていた場合、相続税は土地1億円としてかかります。

ユウコ：そうなりますよね。生前に贈与した場合には？

タロウ：相続時精算課税を使って生前贈与したケースを考えてみればよいでしょう。その場合、生前贈与財産、土地5千万円として、相続税がかかります。

ユウコ：え、そうなんですか？土地1億円じゃないんですか？

タロウ：ここがポイントです。相続時精算課税で贈与した財産は、相続税の対象にな

りますが、贈与したときの時価で、相続税が計算されます。

ユウコ：なるほど、それは重要ですね。

タロウ：ですから、地価が上昇しているときには、相続時精算課税で土地を贈与して、低い金額で固定しておくことも相続税対策として有効です。

ユウコ：暦年課税で、相続前3年以内に贈与した場合も同じですか？

タロウ：同じです。その場合でも、贈与したときの時価で相続税がかかります。ただし、暦年課税の場合には贈与税が高いので、通常、土地のような時価の高いものは相続時精算課税を用いて贈与するケースがほとんどだと思います。

ユウコ：確かにそうですね。相続税対策になるといっても、贈与税が高いと払いきれませんしね。

タロウ：でも、常に相続税対策になるわけではないですよ。

ユウコ：え、贈与したときの時価で相続税がかかるから、有利だって言う話でしたよね。

タロウ：その前提として、地価が上昇してい

ユウコ：土地を110万円ずつ贈与するのはどうでしょう？

タロウ：アイデアとしてはあり得ます。ただし、土地を110万円ずつ贈与するとなると、土地の持分110万円分を贈与することになるでしょうし、土地の場合には、贈与した場合に不動産取得税や登録免許税がかかってきます。

ユウコ：預金の場合には、登録免許税とか不動産取得税はないですよね。

タロウ：預金の場合にはないです。ですから、預金の110万円基礎控除を使う場合には、まず金融資産について使うことが多いです。その方が、不動産取得税や登録免許税といったコストがかかりませんので。

ユウコ：なるほど。それじゃあ、土地の贈与

タロウ：暦年課税であれば、110万円までしか基礎控除がありません。また、相続時精算課税を適用した場合には、相続税の対象になってしまうので、その点で相続税対策になりません。

る場合を想定しています。仮に、贈与した時点よりも相続のときのほうが、時価が下がっていた場合は。

ユウコ：どうなるんですか？　相続のときのほうが時価が下がっているんだから、相続のときの時価で評価してくれるんですよね？

タロウ：残念ながら相続のときに時価が下がっていても、あくまでも相続税は、贈与したときの時価で計算されてしまいます。

ユウコ：え、それはヒドい。

タロウ：ですから、生前贈与で贈与する場合には、時価が上がる可能性が高いものでないと、かえって損をしてしまいます。

ユウコ：でも、時価が上がるか、下がるか、先のことは予測できませんよ。

タロウ：ですから、慎重に判断する必要があります。

ユウコ：なるほど、難しいですね。

タロウ：贈与の話をしていますが、少し別の贈与について考えてみましょう。

ユウコ：はい。

タロウ：贈与をしても、贈与税も相続税もかからないケースがあります。

ユウコ：え、そんなことがあるんですか？

早く言ってくださいよ。

タロウ：1つは、夫婦間で、居住用財産を贈与する場合です。

ユウコ：夫婦で、自宅の土地建物を贈与する場合ですか？

タロウ：そうです。ただし、上限があって、2,000万円までです。1回しか使えません。

ユウコ：1回でも、2,000万円は大きいですね。

タロウ：この特例を受けられるのは、法律上の婚姻期間が、贈与した時点で20年以上である場合に限定されています。かつ、贈与を受けた年の翌年3月15日までに住み始めて、継続して住む見込みであることが必要です。

ユウコ：結婚して20年経過していれば、今住んでいる自宅を2,000万円分贈与しても、贈与税はかからないということですよね。

タロウ：そうなります。今住んでいる自宅であれば、既に住んでいるわけですし、その後も引っ越す予定が具体的になければ、条件を満たしているでしょう。

ユウコ：この特例を使って、自宅を2,000万円贈与したとき、暦年課税の相続前3年以内贈与に該当したときは、相続税の対象になっちゃうんですよね。

タロウ：いえ、この夫婦間の贈与についての特例を適用した場合、3年以内に相続が発生しても、相続税の対象になりません。

ユウコ：え、それじゃ、絶対やったほうがいいですね。

タロウ：相続税がかかる方であれば、活用したほうがよいでしょう。ただし、不動産取得税と登録免許税はかかってしまいます。

ユウコ：どれくらいかかりますか？

タロウ：自宅の土地を贈与したケースで考えます。登録免許税は、贈与の場合、土地の固定資産税評価額の2%です。不動産取得税は、贈与の場合、土地の固定資産税評価額の2分の1の金額に対して3%です。

ユウコ：2,000万円の自宅土地を贈与すると、具体的にどれくらいになるんでしょう。計算すればいいんでしょうけど。

タロウ：夫婦間で贈与税が非課税となる2,000万円というのは相続税評価額です。土地の価格に公示価格というものが

ありますが、相続税路線価は公示価格の80％、固定資産税評価額は公示価格の70％を目処に設定されています。したがって、相続税評価額が2,000万円のケースでは、固定資産税評価額では2,000万円よりも小さくなると思いますが、仮に固定資産税評価額が2,000万円であったと仮定します。登録免許税は2,000万円×2％＝40万円、不動産取得税は2,000万円÷2×3％＝30万円、合計70万円となります。

ユウコ：うーん、結構かかりますね。

タロウ：固定資産税評価額は、実際にはもう少し低くなると思いますので、その分、不動産取得税、登録免許税も少なくなると思います。ただし、相続税が10％の税率でかかるような相続財産の規模であれば、節税効果は少ないということになるでしょう。

ユウコ：土地を相続した場合には、登録免許税と不動産取得税はかからないのですか？

タロウ：相続で取得したときは、不動産取得税はかかりません。登録免許税は、土地の相続の場合、固定資産税評価額の0.4％

500万円まで、贈与税がかかりません。

ユウコ：え、すごいですね。

タロウ：ただし、住宅を取得することが条件です。贈与を受けた年の翌年3月15日までに取得して、住みはじめることが必要です。

ユウコ：家を買うことを考えている場合には、良い特例ですね。

タロウ：平成24年中の贈与は1,000万円、エコ住宅は1,500万円が上限ですが、平成25年中の贈与は700万円、エコ住宅は1,200万円に上限が引き下げられ、平成26年中の贈与は500万円、エコ住宅は1,000万円に上限がさらに引き下げられます。

ユウコ：それなら早く贈与したほうがいいですね。

タロウ：政府の狙いも同じです。早く贈与を行い、家を買うことで景気対策となるように考えています。

ユウコ：なるほど。

タロウ：住宅資金贈与の特例の条件として、（1）取得する住宅の床面積が50㎡以上240㎡以下であること、（2）贈与を受けた年の1月1日の時点で、資金をもらっ

なら、2,000万円×0.4％＝8万円です。

ユウコ：不動産取得税、登録免許税、結構大きな金額になりますね。

タロウ：不動産取得税や登録免許税は、特例で税額が変わる可能性がありますから、この夫婦間贈与をするときには、実際に税額を試算してから、判断したほうがよいです。

ユウコ：はい、そうします。

タロウ：この夫婦間の贈与の特例については、贈与した年の贈与税申告をする必要がありますので、贈与をする場合には忘れないようにしましょう。夫婦間の贈与でなく、子供に対して、住宅資金を贈与した場合にも、特例があります。

ユウコ：いい話ですね。どんな特例ですか？

タロウ：住宅資金贈与と呼ばれています。平成26年12月31日までの贈与については特例があります。

ユウコ：どういう特例ですか？

タロウ：住宅資金として現金が贈与された場合、平成24年中の贈与であれば1,000万円、エコ住宅であれば1,

た子供が20歳以上であること、(3) 贈与を受けた年の、贈与を受けた人の所得税の合計所得金額が2,000万円以下であること、などがあります。

ユウコ：実際に、住宅資金の贈与を受ける場合には、税理士の方に相談したほうがよさそうですね。

タロウ：この住宅資金贈与を受けた場合にも、贈与税申告が必要になりますので、税理士に相談したほうがよいと思います。

ユウコ：この住宅資金贈与の場合には、不動産取得税や登録免許税はどうなりますか？

タロウ：ただし、住宅資金の贈与を受けて、その後、住宅を取得しなければなりませんので、その住宅の取得、つまり購入のときに、登録免許税、不動産取得税はかかります。住宅の購入の場合、不動産取

得税、登録免許税については、軽減される場合もありますので、詳しくは実際に住宅購入を検討する際に、調べてみてください。

ユウコ：それなら、実際に考えてみようかなあ。

タロウ：相続税のことだけを考えると、まず住宅資金贈与として贈与税がかからない金額までは贈与をします。その贈与された金額分は、お金をもらったユウコさんが建築費をまず出します。つまり、その贈与された金額分だけは、建物の持分をユウコさんが取得します。

ユウコ：残額は誰が出すんですか？

タロウ：相続税のことだけを考える前提ですが、お父さんが残額を出したほうが相続税は少なくなります。

ユウコ：え、そうなんですか？ 預貯金を全部使うのも心配だろうし。住宅ローンを父親がするのでも大丈夫ですか？

タロウ：お父さんの手持ちの預貯金を使い、お父さん名義で建物を建てるケース、または、住宅ローンをお父さん名義で借り、お父さん名義で建物を建てるケース、いずれも相続税の計算は同じ結果となります。

ユウコ：いろいろ特例があって、ややこしいですね。

タロウ：確かにそうですが、そういう意味では、税金を少なくする特例ですから、有り難いことだとは思いますよ。

ユウコ：はい、確かにそうですね（笑）。新宿区の両親の自宅と、建替えをして、同居した場合に、この住宅資金贈与は使えますか？

タロウ：床面積など条件を満たせば適用できますよ。

ユウコ：平成26年までに贈与して住宅を建替える必要がありますから、難しいかもしれませんが。仮に二世帯住宅に建替えをして、父親から1,000万円住宅資金として贈与を受け、残額を住宅ローンで私が借りた場合はどうなりますか？

タロウ：エコ住宅であれば平成26年中に住宅資金贈与を受けた場合、1,000万円までで贈与税がかかりません。エコ住宅でなければ500万円までは贈与税がかかります。

第2編 ケース別対策編

タロウ：それじゃあ、お父さんに住宅ローンを借りてもらおうかな。

ユウコ：住宅ローンに変えるとどうなりますか？

タロウ：その預貯金3,000万円を建物に変えるとどうなりますか？して、平成27年3月15日までに建物が完成する前提だと、500万円贈与を受けてユウコさんが500万円分建築費を出し、残額3,500万円をお父さんがお金を出す、とします。

ユウコ：相続税で考えると、住宅資金贈与500万円分、父親の建築費3,500万円×（1－60％）＝1,400万円、合計1,900万円分だけ、相続税の対象を少なくできる、ということですね。

タロウ：その通りです。ただし、お父さんの預貯金を使うことになりますから、お父さんのお考えを確認する必要がもちろんあります。相続税だけで全てが動いていくわけではありませんので。

ユウコ：そうですね。

タロウ：建替えでなくて、リフォームでも相続税対策になります。

ユウコ：お父さんが自分の預金500万円を、自宅建物のリフォームに使ったとします。するとどうなるでしょう？

タロウ：預金500万円が、建物に変わるわけだから60％になって、建物300万円として評価される、ですよね。

タロウ：住宅ローンは借りられる年齢に制限があるので、一般的には難しいかもしれません。金融機関で確認してみてください。相続税のことを考えると、預貯金を建物に変えることによって、相続税が少なくなる、ということです。

ユウコ：住宅ローンの場合は、預貯金が建物に変わっているわけじゃないと思いますけど。

タロウ：住宅ローンを借りた場合、まずいったん、住宅ローン分の預貯金が手元に入ってきます。その住宅ローン分の預貯金を建物に変える、という手順になります。

ユウコ：ですから、自分の預貯金を使っても、住宅ローンでも、預貯金を建物に変えている、という点では同じです。

タロウ：そういうことになりますね。

ユウコ：なるほど、そうなんですね。

タロウ：預貯金の場合、相続税はその金額に対してかかります。

ユウコ：3,000万円の預貯金なら、3,000万円として相続税がかかるということでしたね。

タロウ：建物として相続税がかかるわけだから、建物の固定資産税評価額がかかる、ということですね。

ユウコ：3,000万円の建物を新築した場合、固定資産税評価額はどれくらいになるでしょうか？

タロウ：木造の建物であれば、建築費の60％前後になることが多いと思います。仮に60％とすると、3,000万円×60％＝1,800万円となります。

ユウコ：ということは、預貯金3,000万円が建物に変わると1,800万円になって、相続税がかかるということですね。

タロウ：1,200万円だけ、相続税の対象となる財産が少なくなる、ということです。

ユウコ：なるほど。それで、住宅資金贈与税が非課税になる分だけ贈与したら、残額は父親名義で建物を建てたほうが有利ということになるんですね。

タロウ：例えば、二世帯住宅の建築費が4,000万円とします。平成26年中に贈与

タロウ：リフォームの場合で、増築などでなければ、固定資産税評価額は上がらないし、外部から見てリフォームを行っていることが明らかな場合には都税事務所や市役所から通知がくる可能性があります。

ユウコ：つまり、預金300万円が、建物0円になる、ということですか？

タロウ：そうなります。ですから、リフォームをする予定であれば、相続前に行っておけば、その分だけ相続税が少なくなる可能性が高いです。

ユウコ：建物をリフォームした場合には、リフォーム代分は、相続税評価額は必ず0になるんですか？

タロウ：建物の相続税評価額は、固定資産税評価額です。建物の固定資産税評価額は、建物を再建築する場合のコストとして一定の算式で見積計算されます。したがって、理屈上は、リフォームを行うと建物の材料などが新しくなるわけですから、再建築するコストは上昇し、建物の固定資産税評価額は上昇するはずです。

ユウコ：でも、リフォームした場合、固定資産税評価額は上がらないって言ったじゃないですか？

タロウ：必ず、固定資産税評価額は上がらないというわけではありません。増築したいとなると、お金を使ってしまっていると、お金を使ってしまえばいいっていうのと同じです。

ユウコ：そうですね。相続税対策だけ考えていうことなんですね。

タロウ：ただ、東日本大震災の後、建物が古い方は耐震工事を検討されている方が増えていますが、それもリフォームと同じ考え方になります。

ユウコ：リフォームの話は、お墓の話と似ていますね。

タロウ：そうですね。ただし、相続税対策といって、増築でない場合で、外部からわからないケースでは、結果としてそのままの固定資産税評価額であるケースが多いと思います。

タロウ：ただ、増築でない場合で、外部からわからないリフォームを行っていることがわからないケースでは、結果としてそのままの固定資産税評価額であるケースが多いと思います。

ユウコ：なるほど。

タロウ：ただ、リフォームを行っていることがわからないリフォームを行っていることがわからないケースでは、結果としてそのままの固定資産税評価額であるケースが多いと思います。

ユウコ：そういうことなんですね。

タロウ：必要なことを前倒しで行う、ということです。

話になりますもんね。

タロウ：それでは本末転倒です。将来行うことを相続の前に、前倒しで行っておいたほうが、それを相続の前に、前倒しで行っておいたほうが、相続税は結果として少なくなる、ということです。

ユウコ：そういう意味では、建替えも同じですね。無理に相続税対策をするという意味でなく、将来建替えを考えているなら、相続の前にしておいたほうが、結果として相続税が安くなる、ということですね。

タロウ：そのとおりです。建替えのところで話をするのを失念しましたが、二世帯住宅を考えている場合、小規模宅地特例のことも考えておいたほうがよいです。

ユウコ：同居とか、二世帯住宅、老人ホームの話ですか？

タロウ：二世帯住宅で、完全に分離したタイプの二世帯住宅にする場合には、同居にならない、という話を覚えていますか？

ユウコ：ありましたね、完全分離型の二世帯住宅の場合には、中にドアがないとダメでしたね？

タロウ：そうです。完全分離型の二世帯住宅の場合には、中で行き来ができないと同

第2編 ケース別対策編

ユウコ：小規模宅地特例が適用できるかどうかで、相続税が確か、何千万円も違いましたよね。

タロウ：地価が高い地域に自宅がある場合、そうなるケースもあるでしょう。なお、話はかわりますが、お父さんが認知症になって、老人ホームに万が一移ることになった場合でも、ドアを通れなくすれば他人に賃貸することもできると思います。

ユウコ：なるほど。

タロウ：そうすれば、その分に対応する土地は、貸家建付地として評価が約2割下がります。また、不動産賃貸事業用土地として、200㎡まで50％評価がマイナスとなります。

ユウコ：そういうことできるんですね。

タロウ：住宅を建てるときには、20年、30年先のことも考えておいたほうがよいでしょう。20年、30年後には家族構成や状況も変わっている可能性が高いですか

ら、それに対応できるように、可変性ということも考慮したほうがよいでしょう。ですから、小規模宅地特例の適用を考えるのであれば、同居となるように構造を考えておいたほうがよいでしょう。

ユウコ：なるほど、そんなこと考えたことなかったです。

タロウ：相続なり、住宅なり、少し長い期間で考えておいたほうが、先々で間違いがないと思います。

ユウコ：そうですね。今日、タロウ先生と相談させてもらったことを踏まえて、両親や弟と家族会議を開きたいと思います。両親と同居することも少し考えていましたので、その辺も話をしてみたいと思います。

タロウ：次の第6部では、実際の資料を基に、ケーススタディを行います。ユウコさんもせっかくの機会ですので、一緒に現状分析をしていきませんか？

ユウコ：そうですね。現状分析の仕方を具体的に学んでおいたほうがいいですよね。

タロウ：では、一緒に検討をしていきましょう。

第3編 ケーススタディ

第6部 ケーススタディ

第6部ケーススタディでは、具体的なケースを用いて、相続の現状分析およびその対策を検討していきます。具体的なケースを検討する前に、エクセルファイル「相続税概算試算」の入力方法、活用方法を見ていきます。

エクセルファイル「相続税概算試算」は、相続人、および相続財産がわかれば、相続税概算額を自動的に計算するようになっています。なお、基礎控除の引下げを含む相続税増税が検討されていますので、相続税概算は相続税増税前、増税後の2つのケースで計算をしています。また、自宅土地について、小規模宅地特例が適用できるケース、適用できないケースのそれぞれについて相続税概算も計算しています。結果として、①相続税増税前・小規模宅地特例適用なし、②相続税増税前・小規模宅地特例適用あり、③相続税増税後・小規模宅地特例適用なし、④相続税増税後・小規模宅地特例適用あり、の4つのケースについて相続税概算額を計算しています。

では、具体的にどのように相続人の情報、相続財産情報の入力、相続人情報の入力の順に見ていきましょう。エクセルファイル「相続税概算試算」を見ながら理解してください。

(土地データの入力)

「相続税概算試算」ファイルを開いて、シート「メニュー」を選択します。シート「メニュー」画面で、「財産の入力」の「土地」の「入力」をクリックします。すると、土地の入力画面に移動しますので、次の手順で入力します。

(手順1) 所在地の入力

土地入力画面の「所在地」欄に、固定資産税課税明細書に記載された「土地の所在」を入力します。一番上の行には、土地の持ち主の自宅を入力します。

(手順2) 所有権・借地権の選択

土地入力画面の「土地権利」欄で、「所有権」または「借地権」を選択します。土地を持っている場合には所有権を選択し、土地の借地権を持っている場合には借地権を選択します。

(手順3) 利用用途の選択

土地入力画面の「利用用途」欄で、「自用地」、「貸家建付地」、「貸地」のいずれかを選択します。

「自用地」：自宅、駐車場、親族へ無料で貸している土地
「貸家建付地」：賃貸アパート、賃貸マンションの敷地
「貸地」：別の人が建物の持ち主で、土地を有料で貸している場合(借地権を他の人が持っている場合)の土地

(手順4) 路線価の入力

土地入力画面の「路線価」欄に、土地の路線価を入力します。

路線価は、基準日の路線価図で、その土地が面している道路の路線価を調べることでわかります。

(手順5) 借地権割合の入力

土地入力画面の「借地権割合」欄で、借地権割合を選択します。借地権割合は路線価図の、土地の路線価の最後についているアルファベットです。

(手順6) 地積の入力

土地入力画面の「地積」欄で、土地の地積を入力します。地積は面積のことで、課税明細書に記載された現況地積を入力します。

(手順7) 持分率の入力

土地入力画面の「持分」欄で、土地の持分を入力します。単独所有であれば100％と入力します。共有の場合には、持分を％表示で入力します。共有の持分は分数で表示されていますので、それを％表示へ換算した上で入力します。

なお、土地の相続税評価額は、本来、地形などにより調整計算を行う必要がありますが、相続税概算を試算することが調整分析の目的ですので、ここでの相続税評価額は簡便的に路線価×地積とし、概算計算に留まっている点は注意が必要です。

(建物データの入力)

「相続税概算試算」ファイルを開いて、シート「メニュー」を選択します。シート「メニュー」画面で、「財産の入力」の「建物」の「入力」をクリックします。すると、建物の入力画面に移動しますので、次の手順に従ってデータを入力していきます。

(手順1) 建物評価の入力

土地・借地権のデータが既に左側に入力されているはずですので、その土地の上に建っている建物を、その土地に対応する箇所に入力します。建物評価は固定資産税評価額ですので、課税明細書の「価格」に記載された金額を入力します。

(その他財産データの入力)

「相続税概算試算」ファイルを開いて、シート「メニュー」を選択します。シート「メニュー」画面で、「財産の入力」の「預貯金・現金」の「入力」をクリックします。すると、預貯金・現金の入力画面に移動します。この預貯金・現金の入力画面で、その金額を入力します。株式、債券、死亡保険金、アパートローンについても、同様に入力します。なお、死亡保険金の金額は死亡時に受け取る保険金の金額を、アパートローンは基準日における残高（支払うべき元本残高）を、入力します。

（相続人データの入力）

「相続税概算試算」ファイルを開いて、シート「メニュー」を選択します。シート「メニュー」画面で、「相続人の数の入力」で、該当するケースの「入力」をクリックすると、入力画面に移動します。

・配偶者と子供／子供のみのケース

移動した画面で、配偶者がいる場合には「配偶者」欄で「1」を選択します。いない場合には「配偶者」欄で「0」を選択します。子供については、実子がいる場合、「実子」欄でその人数を選択します。養子がいる場合にも、「養子」欄でその人数を選択します。

・配偶者と両親／両親のみのケース

移動した画面で、配偶者がいる場合には「配偶者」欄で「1」を選択します。いない場合には「配偶者」欄で「0」を選択します。両親については、両親が存命の場合、「両親」欄で存命である両親の人数を選択します。

・配偶者と兄弟／兄弟のみのケース

移動した画面で、配偶者がいる場合には「配偶者」欄で「1」を選択します。いない場合には「配偶者」欄で「0」を選択します。兄弟姉妹については、「兄弟姉妹」欄でその人数を選択します。

（相続税概算試算結果）

「相続税概算試算」ファイルを開いて、シート「メニュー」を選択します。シート「メニュー」画面で、「相続税概算の試算」部分の該当するケースについて「増税前」「増税後」をクリックすると、それぞれのケースの相続税概算が表示されます。

なお、ここでの「増税前」「増税後」の増税というのは、社会保障・税一体改革での相続税増税（基礎控除引下げ、死亡保険金非課税枠圧縮、最高税率アップ）を指しています。

具体的なケースで学んだほうが理解しやすいので、次のケーススタディで実際にエクセルファイル「相続税概算試算」を利用してみてください。

なお、エクセルファイル「相続税概算試算」で計算される相続税の金額は、あくまで概算であり、また、個別の複雑なケースによっては計算結果が異なる可能性もありますので、あくまで概算額の把握としての位置づけに留めてください。特に、親族関係が複雑なケースは、専門家である税理士に個別に相談の上、対応していただくようお願いします。

第3編 ケーススタディ

ケース①

一戸建自宅・賃貸アパート

■ 相続太郎さんの相続人
　配偶者：相続 花子さん
　子　供：相続 一朗さん
　子　供：相続 裕子さん

- 固定資産税課税通知書・課税明細書（新宿都税事務所）
- 固定資産税課税通知書・課税明細書（世田谷都税事務所）
- 路線価図（新宿区の土地に関するもの）
- 路線価図（世田谷区の土地に関するもの）
- 預金残高合計：3,000万円
- 株式残高：200万円（時価）
- 債券残高：200万円（時価）
- 死亡保険金：3,000万円
- アパートローン残高：1,000万円
- 土地用途：新宿区の土地は自宅で、世田谷区の土地は賃貸アパート
- 居住状況：夫婦で新宿区自宅に居住。子供は非同居。
- 基準日：平成23年12月31日

第3編　ケーススタディ

図1　固定資産税課税通知書（新宿都税事務所）

平成23年度

固定資産税
都市計画税　納税通知書
　　（土地・家屋）

東京都
　　新宿都税事務所長

次の税額を納付してください。

納人　住所・氏名（名称）
〒162-0827 東京都新宿区若宮町*** 相続　太郎　様

摘要

納税通知書番号	CD

	課税標準額			税額（円）	合計税額（円）
	土地（円）	家屋（円）	合計（円）		
固定資産税					
都市計画税					

	第1期分（円）	第2期分（円）	第3期分（円）	第4期分（円）	領収証書	領収日付印
期別税額						
納期限						

税率	固定資産税	都市計画税	納付番号		お問い合せ先

図2　固定資産税課税明細書（新宿都税事務所）

平成23年度固定資産税・都市計画税課税明細書
本年度課税された、1月1日現在あなたが所有している固定資産（土地・家屋）の明細をお知らせします。

土地の所在	登記地目 現況地目 非課税地目	登記地積 ㎡ 現況地積 ㎡ 非課税地積 ㎡	価格 円 固定本則課税標準額 円 都計本則課税標準額 円	固定前年度課標等 円 固定課税標準額 円 固定資産税（相当）額 円	都計前年度課標等 円 都計課税標準額 円 都計計画税（相当）額 円	小規模地積 ㎡ 一般住宅地積 ㎡ 非住宅地積 ㎡
新宿区若宮町***	宅地	240.00	115,200,000	22,400,000	44,800,000	200
	宅地	240.00	22,400,000	22,400,000	44,800,000	40
			44,800,000	313,600	134,400	

家屋の所在	区分家屋 物件番号	家屋番号	種類・用途 建築年次	構造 屋根	地上 地下	登記床面積 ㎡ 現況床面積 ㎡
新宿区若宮町**	***	**-**	居宅 昭55年	木・プロ造 スレート	2 0	200.00 200.00
新宿都税事務所						

	負担水準(%)		固定小規模課標 円 固定一般住宅課標 円 固定非住宅課標 円	都計小規模課標 円 都計一般住宅課標 円 都計非住宅課標 円	小規模軽減額（都） 円 減額税額（固・都） 円 減免税額（固・都） 円	摘要
	固定	都計				

価格 円	固定課税標準額 円 都計課税標準額 円	固定資産税（相当）額 円 都市計画税（相当）額 円	減額税額（固） 円 減免税額（固・都） 円	摘要
		140,000		
10,000,000	10,000,000	30,000		

図3　路線価図（新宿区）

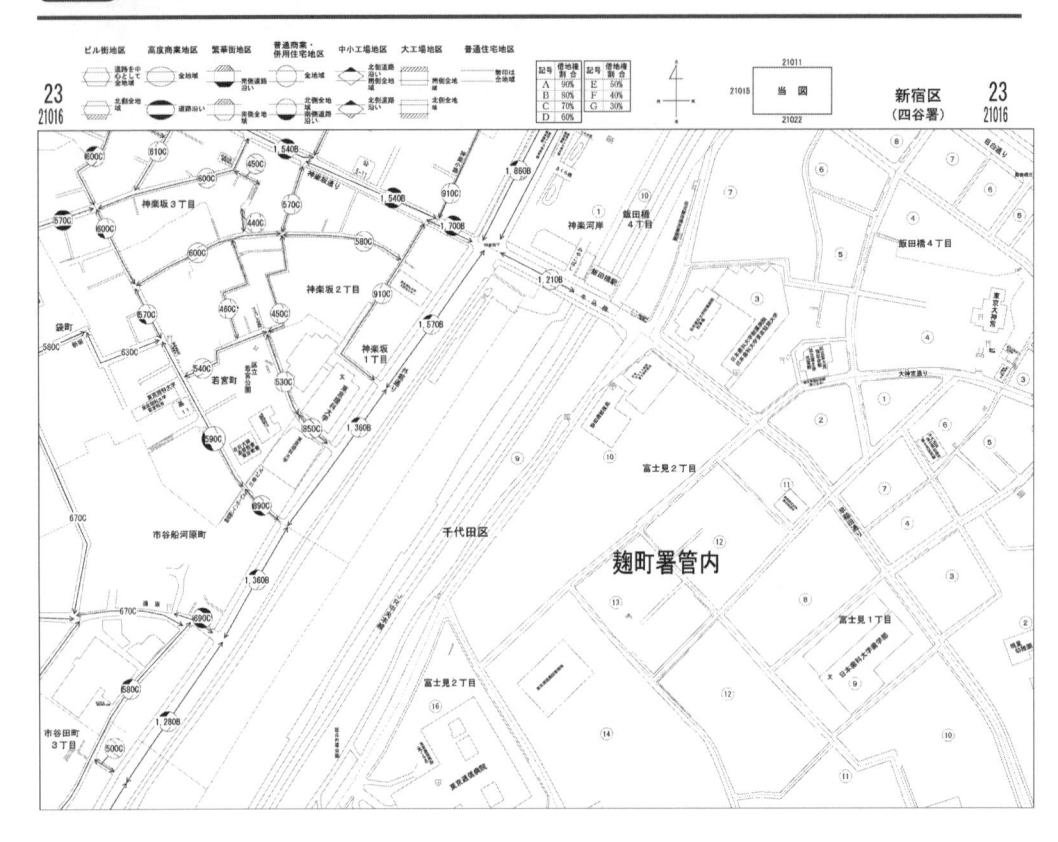

図4　固定資産税課税通知書（世田谷都税事務所）

平成23年度

固定資産税
都市計画税　納税通知書
　　（土地・家屋）

東京都
　　世田谷都税事務所長

次の税額を納付してください。

納税通知書番号	CD

納人　住所・氏名（名称）

〒162-0827
東京都新宿区若宮町***

相続　太郎　様

摘要

	課税標準額			税額（円）	合計税額（円）
	土地（円）	家屋（円）	合計（円）		
固定資産税					
都市計画税					

	第1期分（円）	第2期分（円）	第3期分（円）	第4期分（円）
期別税額				
納期限				

税率	固定資産税	都市計画税	納付番号		お問い合せ先

領収証書	領収日付印

図5 固定資産税課税明細書（世田谷都税事務所）

平成23年度固定資産税・都市計画税課税明細書
本年度課税された、1月1日現在あなたが所有している固定資産（土地・家屋）の明細をお知らせします。

土地の所在	登記地目 現状地目 非課税地目	登記地積 ㎡ 現況地積 ㎡ 非課税地積 ㎡	価格 円 固定本則課税標準額 円 都計本則課税標準額 円	固定前年度課標等 円 固定課税標準額 円 固定資産税(相当)額 円	都計前年度課標等 円 都計課税標準額 円 都市計画税(相当)額 円	小規模地積 ㎡ 一般住宅地積 ㎡ 非住宅地積 ㎡	負担水準(%) 固定 都計
世田谷区用賀***	宅地	200.00	80,000,000	13,333,333	26,666,666	200	
	宅地	200.00	13,333,333	13,333,333	26,666,666		
			26,666,666	186,666	79,999		

家屋の所在	区分家屋 物件番号	家屋番号	種類・用途 建築年次	構造 屋根	地上 地下	登記床面積 ㎡ 現況床面積 ㎡	価格 円
世田谷区用賀***	***	**-**	共同住宅 平10年	軽量鉄骨造 亜鉛メッキ鋼板	2 0	200.00 200.00	10,000,000

世田谷都税事務所

固定小規模課標 円 固定一般住宅課標 固定非住宅課標	都計小規模課標 円 都計一般住宅課標 都計非住宅課標	小規模軽減額(都) 円 減額税額(固・都) 減免税額(固・都)	摘要

固定課税標準額 都計課税標準額	固定資産税(相当)額 都市計画税(相当)額	減額税額（固） 減免税額（固・都）	摘要
10,000,000	140,000		
10,000,000	30,000		

図6 路線価図（世田谷区）

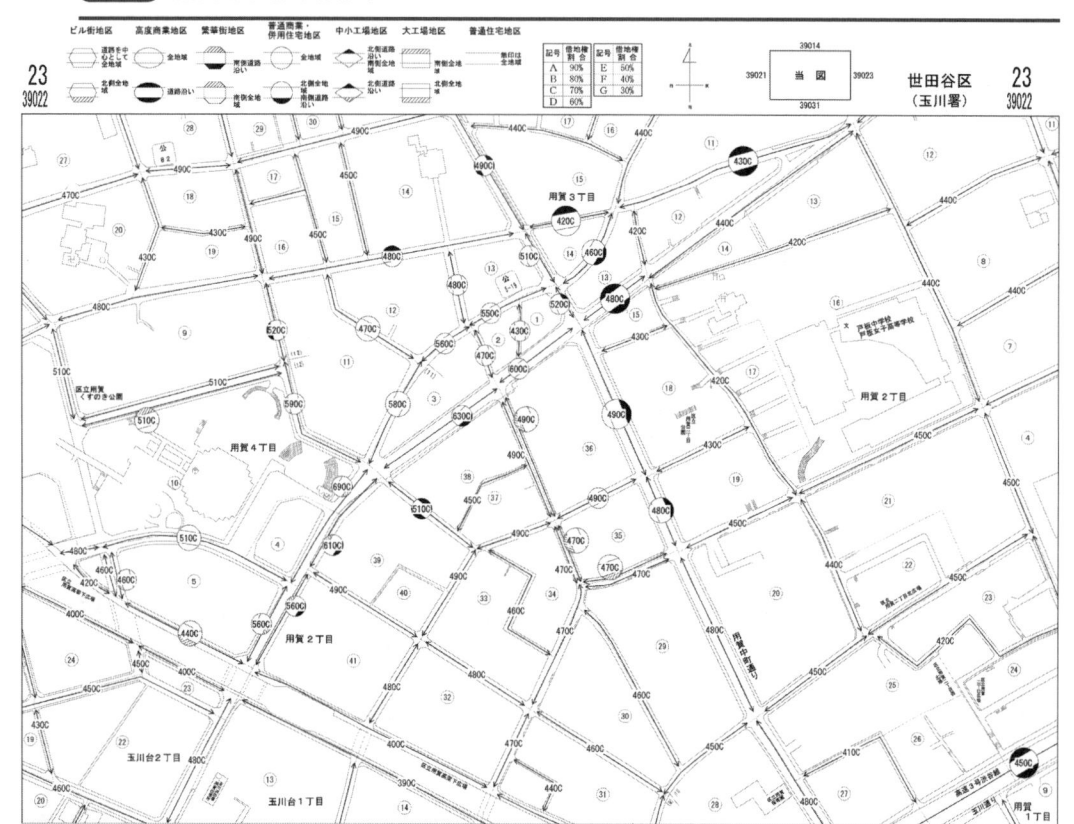

図7 メニュー画面

```
財産の入力
 (財産)
  土地                              入力
  建物                              入力
  預貯金・現金                        入力
  株式                              入力
  債券                              入力
  死亡保険金                          入力
  贈与財産(相続時精算課税)              入力
  贈与財産(暦年課税相続前3年内)         入力
 (債務)
  住宅ローン                         入力
  アパートローン                      入力
  その他借入金                       入力

相続人の数の入力
  配偶者と子供のケース                入力
  子供のみのケース                   入力

  配偶者と両親のケース                入力
  両親のみのケース                   入力

  配偶者と兄弟姉妹のケース             入力
  兄弟姉妹のみのケース                入力

相続税概算の試算
  配偶者と子供のケース        増税前        増税後
  子供のみのケース           増税前        増税後

  配偶者と両親のケース        増税前        増税後
  両親のみのケース           増税前        増税後

  配偶者と兄弟姉妹のケース    増税前        増税後
  兄弟姉妹のみのケース        増税前        増税後
```

相続人は、配偶者、子供2人の合計3名です。相続財産は、土地・建物が新宿区（自宅）、世田谷区（賃貸アパート）にあり、預貯金、株式・債券、生命保険で、債務としてアパートローンがあります。これらの資料を基に、データをエクセルファイル「相続税概算試算」へ入力して相続税を試算していきます。

（土地データの入力）

「相続税概算試算」ファイルを開いて、シート「メニュー」を選択します。シート「メニュー」画面で、「財産の入力」の「土地」の「入力」をクリックします。すると、土地の入力画面に移動しますので、次の手順で入力します。

（手順1） 所在地の入力

土地入力画面の「所在地」欄に、固定資産税課税明細書に記載された「土地の所在」を入力します。一番上の行には、土地の持ち主の自宅を入力します。

新宿区の土地が相続太郎さんの自宅ですので、新宿都税事務所の固定資産税課税明細書（図2）に記載のある「土地の所在」を入力します。

（手順2） 所有権・借地権の選択

土地入力画面の「土地権利」欄で、「所有権」または「借地権」を選択します。土地を持っている場合には所有権を選択し、土地の借地権を持っている場合には借地権を選択します。

110

図8 土地の入力画面

土地建物

手順1		手順2	手順3	手順4	手順5	手順6		手順7	
所在地		土地権利	利用用途	路線価	借地権割合	地積(㎡)	土地評価	持分率(%)	土地/借地権相続税評価額
	自宅						0		0
							0		0
							0		0
							0		0
							0		0
							0		0
							0		0
							0		0
							0		0
									0

(単位:千円)

建物		
建物評価	持分率(%)	建物評価
		0
		0
		0
		0
		0
		0
		0
		0
		0
		0

メニュー

このケースでは、土地を持っていますので、借地権ではなく所有権を選択します。

(手順3) 利用用途の選択

土地入力画面の「利用用途」欄で、「自用地」、「貸家建付地」、「貸地」のいずれかを選択します。それぞれの意味は次のとおりです。

「自用地」：自宅土地、駐車場、親族へ無料で貸している土地
「貸家建付地」：賃貸一戸建、賃貸アパート、賃貸マンションの敷地
「貸地」：別の人が建物の持ち主で、土地を有料で貸している場合（借地権を他の人が持っている場合）の土地

このケースでは自宅ですので、「自用地」を選択します。

(手順4) 路線価の入力

土地入力画面の「路線価」欄で、土地の路線価を入力します。路線価は、基準日の属する年の路線価図で、その土地が面している道路の路線価を調べることでわかります。

このケースでは、土地の場所を路線価図（図10）で調べると「530C」と記載がありますので、路線価530千円であることがわかります。530を路線価欄に入力します。

(手順5) 借地権割合の入力

土地入力画面の「借地権割合」欄で、借地権割合を選択します。借地権割合は路線価図の、土地の路線価の最後についているアルファベットです。

このケースでは、土地の路線価は「530C」ですので、借地権割

図9 土地の入力画面

土地建物

所在地		土地/借地権							
		土地権利	利用用途	路線価	借地権割合	地積(㎡)	土地評価	持分率(%)	土地/借地権 相続税評価額
東京都新宿区若宮町***	自宅	所有権	自用地	530	C(70%)	240.00	127,200	100.00%	127,200
							0		0
							0		0
							0		0
							0		0
							0		0
							0		0
							0		0
							0		0
							0		0
									127,200

(単位:千円)

建物		
建物評価	持分率(%)	建物評価
		0
		0
		0
		0
		0
		0
		0
		0
		0
		0
=		0

図10 路線価図（新宿区）

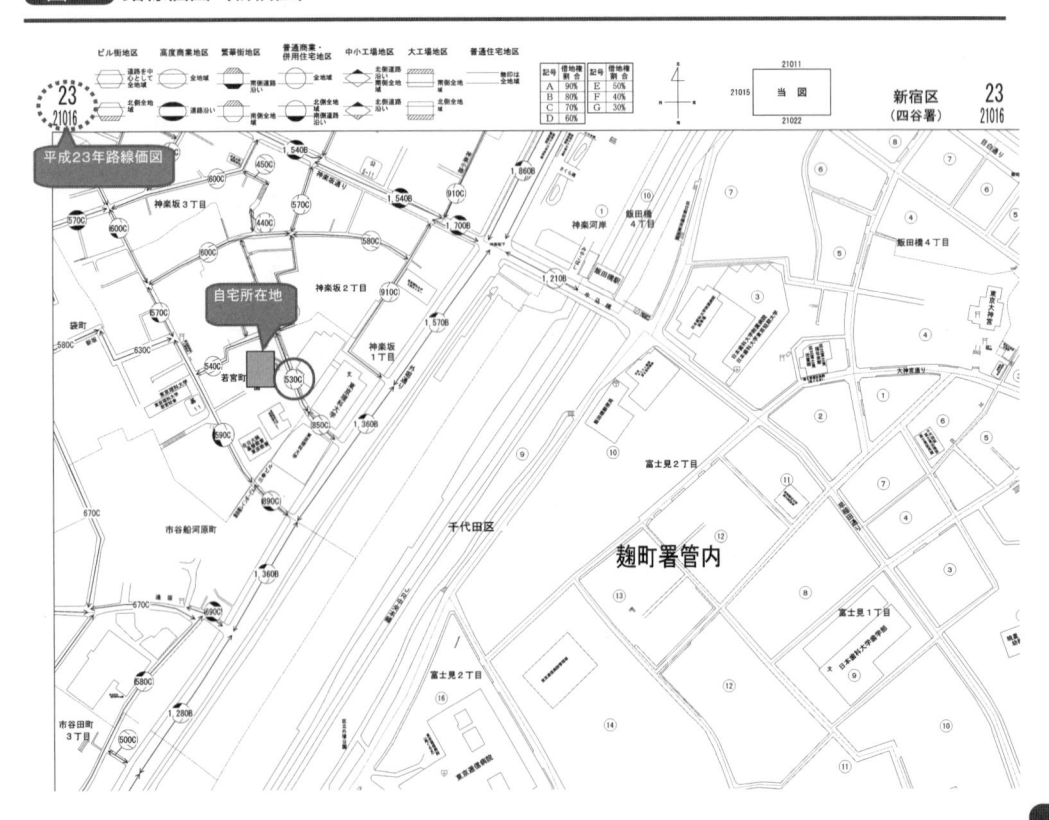

図11 固定資産税課税明細書（新宿都税事務所）

(表：平成23年度固定資産税・都市計画税課税明細書)

新宿区若宮町*** 宅地 240.00 115,200,000 22,400,000 44,800,000 200
宅地 240.00 22,400,000 22,400,000 44,800,000 40
44,800,000 313,600 134,400

家屋所在：新宿区若宮町** *** **-** 居宅 昭55年 木・プロ造 スレート 2 0 200.00 200.00 10,000,000

新宿都税事務所

固定課税標準額 10,000,000 / 都計課税標準額 10,000,000 固定資産税(相当)額 140,000 / 都市計画税(相当)額 30,000

合はCとなりますので、借地権割合Cを選択します。

(手順6) 地積の入力

土地入力画面の「地積」欄で、土地の地積を入力します。地積は面積のことで、固定資産税課税明細書に記載された現況地積を入力します。

このケースでは、新宿都税事務所の課税明細書（図11）には、現況地積240㎡と記載がありますので、240を入力します。

(手順7) 持分率の入力

土地入力画面の「持分」欄で、土地の持分を入力します。単独所有であれば100%と入力します。共有の場合には、持分を％表示で入力します。共有の持分は分数で表示されていますので、それを％表示へ換算した上で入力します。このケースでは、相続太郎さんの単独所有ですから、100と入力します。

以上で、新宿区の自宅の土地の入力は完了です。

世田谷区に賃貸アパートがありますので、同様に世田谷都税事務所の課税明細や路線価図などからデータ入力を行います。

(手順1) 所在地の入力

世田谷都税事務所の課税明細書に記載のある「土地の所在」を入力します。

図12 土地の入力画面

土地建物

所在地		土地/借地権							
		土地権利	利用用途	路線価	借地権割合	地積(㎡)	土地評価	持分率(%)	土地/借地権相続税評価額
東京都新宿区若宮町***	自宅	所有権	自用地	530	C(70%)	240.00	127,200	100.00%	127,200
東京都世田谷区用賀***		所有権	貸家建付地	450	C(70%)	200.00	71,100	100.00%	71,100
							0		0
							0		0
							0		0
							0		0
							0		0
							0		0
							0		0
							0		0
									198,300

(単位:千円)

建物		
建物評価	持分率(%)	建物評価
		0
		0
		0
		0
		0
		0
		0
		0
		0
		0

メニュー

(手順2) 所有権・借地権の選択

このケースでは、土地を持っていますので、借地権ではなく所有権を選択します。

(手順3) 利用用途の選択

このケースでは賃貸アパートですので、「貸家建付地」を選択します。

(手順4) 路線価の入力

このケースでは、土地の場所を路線価図(図13)で調べると「450C」と記載があり、路線価450千円であることがわかります。450を路線価欄に入力します。

(手順5) 借地権割合の入力

このケースでは、土地の路線価は「450C」ですので、借地権割合はCとなり、借地権割合Cを選択します。

(手順6) 地積の入力

このケースでは、世田谷都税事務所の固定資産税課税明細書(図14)には、現況地積200㎡と記載がありますので、200を入力します。

(手順7) 持分率の入力

このケースでは、相続太郎さんの単独所有ですから、100と入力します。

第3編　ケーススタディ

図13　路線価図（世田谷区）

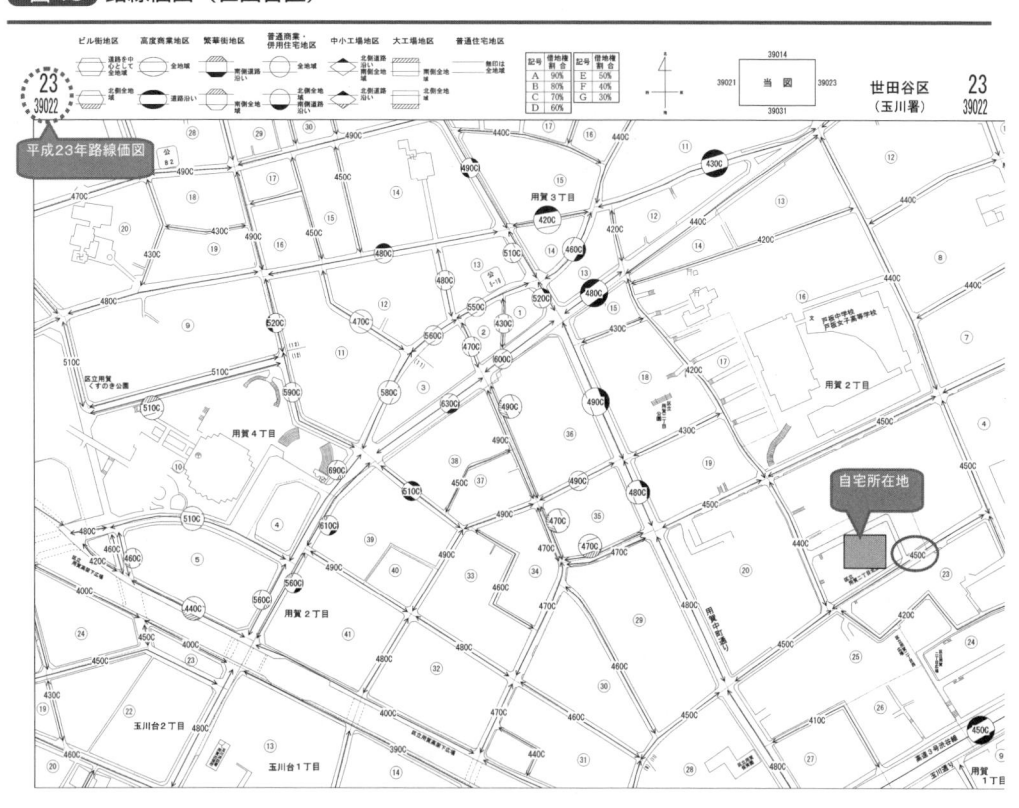

図14　固定資産税課税明細書（世田谷都税事務所）

平成23年度固定資産税・都市計画税課税明細書
本年度課税された、1月1日現在あなたが所有している固定資産（土地・家屋）の明細をお知らせします。

土地の所在	登記地目 現状地目 非課税地目	登記地積 ㎡ 現況地積 ㎡ 非課税地積 ㎡	価格 円 固定本則課税標準額 都計本則課税標準額	固定前年度課標等 円 固定資産税（相当）額	都計前年度課標等 円 都市計画税（相当）額	小規模地積 ㎡ 一般住宅地積 ㎡ 非住宅地積 ㎡	負担水準(%) 固定 都計
世田谷区用賀***	宅地	200.00	80,000,000	13,333,333	26,666,666	200	
	宅地	200.00	13,333,333	13,333,333	26,666,666		
			26,666,666	186,666	79,999		

家屋の所在	区分家屋 物件番号	家屋番号	種類・用途 建築年次	構造 屋根	地上 地下	登記床面積 ㎡ 現況床面積 ㎡	価格 円
世田谷区用賀***		**-**	共同住宅 平10年	軽量鉄骨造 亜鉛メッキ鋼板	2 0	200.00 200.00	10,000,000

世田谷都税事務所

固定小規模課標 円 都計小規模課標 円 小規模軽減額（都）円	摘要
固定一般住宅課標 都計一般住宅課標 減額税額（固・都）	
固定非住宅課標 都計非住宅課標 減免税額（固・都）	

固定課税標準額 円 固定資産税（相当）額 円 減額税額（固）円	摘要
都計課税標準額 都市計画税（相当）額 減免税額（固・都）	
10,000,000	140,000		
10,000,000	30,000		

図15 メニュー画面

財産の入力

（財産）
- 土地　　　　　　　　　　　　入力
- 建物　　　　　　　　　　　　入力
- 預貯金・現金　　　　　　　　入力
- 株式　　　　　　　　　　　　入力
- 債券　　　　　　　　　　　　入力
- 死亡保険金　　　　　　　　　入力
- 贈与財産（相続時精算課税）　入力
- 贈与財産（暦年課税相続前3年内）入力

（債務）
- 住宅ローン　　　　　　　　　入力
- アパートローン　　　　　　　入力
- その他借入金　　　　　　　　入力

相続人の数の入力
- 配偶者と子供のケース　　　　入力
- 子供のみのケース　　　　　　入力
- 配偶者と両親のケース　　　　入力
- 両親のみのケース　　　　　　入力
- 配偶者と兄弟姉妹のケース　　入力
- 兄弟姉妹のみのケース　　　　入力

相続税概算の試算
- 配偶者と子供のケース　　　　増税前　　増税後
- 子供のみのケース　　　　　　増税前　　増税後
- 配偶者と両親のケース　　　　増税前　　増税後
- 両親のみのケース　　　　　　増税前　　増税後
- 配偶者と兄弟姉妹のケース　　増税前　　増税後
- 兄弟姉妹のみのケース　　　　増税前　　増税後

以上により、土地の相続税評価額は、新宿区の自宅土地が127,200千円、世田谷区の賃貸アパート土地が71,100千円、になることがわかりました。

なお、土地の相続税評価額は、本来、土地の形状などにより調整計算を行う必要があります。相続税概算を試算することが現状分析の目的ですので、ここでの相続税評価額は簡便的に路線価×地積とし、概算計算に留まっている点は注意が必要です。

また、このケースでは、自宅、賃貸アパートそれぞれ、土地の地番が1つでしたが、必ずそうなるとは限りません。自宅の土地の地番が複数の場合、また、1つの地番の中に自宅と賃貸アパートがある場合もあります。つまり、土地の評価単位と地番とは必ずしも一対一で対応しているわけではない、ということです。相続税評価額を計算する場合、土地評価の単位ですが、地番は関係なく、原則、地目や利用状況に従って計算することになります。つまり、利用状況（自宅、賃貸アパート、賃貸駐車場など）ごとに、土地地積や地形を特定して、それぞれを1つの評価の単位として、土地の相続税評価額を計算することになります。

（建物データの入力）

「相続税概算試算」ファイルを開いて、シート「メニュー」画面で、「財産の入力」の「建物」の「入力」をクリックします。すると、建物の入力画面に移動しますので、次の手順に従ってデータを入力していきます。まず、新宿の自宅建物から入力していきます。

116

第3編 ケーススタディ

図16 建物の入力画面

土地建物

所在地		土地/借地権						
		土地権利	利用用途	路線価	借地権割合	地積(㎡)	土地評価	持分率(%)	土地/借地権相続税評価額
東京都新宿区若宮町***	自宅	所有権	自用地	530	C(70%)	240.00	127,200	100.00%	127,200
東京都世田谷区用賀***		所有権	貸家建付地	450	C(70%)	200.00	71,100	100.00%	71,100
							0		0
							0		0
							0		0
							0		0
							0		0
							0		0
							0		0
							0		0
							0		0
									198,300

(単位:千円)

建物		
建物評価	持分率(%)	建物評価
10,000	100.00%	10,000
10,000	100.00%	7,000
		0
		0
		0
		0
		0
		0
		0
		0
		0
		17,000

[メニュー]

(手順1) 建物評価の入力

土地・借地権のデータが既に左側に入力されているはずですので、その土地の上に建っている建物を、その土地に対応する箇所に入力します。建物評価は固定資産税評価額ですので、固定資産税課税明細書の「価格」に記載された金額を入力します。

このケースで新宿区の自宅建物の価格は、10,000,000円ですので（図17）、「建物評価」に10,000千円と入力します。

(手順2) 持分率の入力

建物の持分を％表示に換算した上で、「持分率」に入力します。単独所有であれば100％と入力します。

このケースでは、相続太郎さんの単独所有ですので100％と入力します。これで新宿区の自宅建物の入力は完了です。同様に、世田谷区の賃貸アパートの入力を行います。

(手順1) 建物評価の入力

世田谷区の賃貸アパート建物の価格は、10,000,000円ですので（図18）、「建物評価」に10,000を入力します。

(手順2) 持分率の入力

世田谷区の賃貸アパート建物は相続太郎さんの単独所有ですので100％と入力します。

この結果、自宅建物の評価は10,000千円、賃貸アパート建物の評価は7,000千円であることがわかりました。

117

図17 固定資産税課税明細書（新宿都税事務所）

平成23年度固定資産税・都市計画税課税明細書
本年度課税された、1月1日現在あなたが所有している固定資産（土地・家屋）の明細をお知らせします。

土地の所在	登記地目 現況地目 非課税地目	登記地積 ㎡ 現況地積 ㎡ 非課税地積 ㎡	価格 円 固定本則課税標準額 円 都計本則課税標準額 円	固定前年度課標等 円 固定資産税(相当)額 円	都計前年度課標等 円 都市計画税(相当)額 円	小規模地積 ㎡ 一般住宅地積 ㎡ 非住宅地積 ㎡	負担水準(%) 固定 都計
新宿区若宮町***	宅地	240.00	115,200,000	22,400,000	44,800,000	200	
	宅地	240.00	22,400,000	22,400,000	44,800,000	40	
			44,800,000	313,600	134,400		

家屋の所在	区分家屋 物件番号	家屋番号	種類・用途 建築年次	構造 屋根	地上 地下	登記床面積 ㎡ 現況床面積 ㎡	価格 円
新宿区若宮町**			居宅	木・ブロ造	2	200.00	
	***	**-**	昭55年	スレート	0	200.00	10,000,000

新宿都税事務所

固定小規模課標 円	都計小規模課標 円	小規模軽減額(都) 円	摘要
固定一般住宅課標 円	都計一般住宅課標 円	減額税額(固・都) 円	
固定非住宅課標 円	都計非住宅課標準 円	減免税額(固・都) 円	

固定課税標準額 円	固定資産税(相当)額 円	減額税額(固) 円	摘要
都計課税標準額 円	都市計画税(相当)額 円	減免税額(固・都) 円	
10,000,000	140,000		
10,000,000	30,000		

図18 固定資産税課税明細書（世田谷都税事務所）

平成23年度固定資産税・都市計画税課税明細書
本年度課税された、1月1日現在あなたが所有している固定資産（土地・家屋）の明細をお知らせします。

土地の所在	登記地目 現況地目 非課税地目	登記地積 ㎡ 現況地積 ㎡ 非課税地積 ㎡	価格 円 固定本則課税標準額 円 都計本則課税標準額 円	固定前年度課標等 円 固定資産税(相当)額 円	都計前年度課標準額 円 都市計画税(相当)額 円	小規模地積 ㎡ 一般住宅地積 ㎡ 非住宅地積 ㎡	負担水準(%) 固定 都計
世田谷区用賀***	宅地	200.00	80,000,000	13,333,333	26,666,666	200	
	宅地	200.00	13,333,333	13,333,333	26,666,666		
			26,666,666	186,666	79,999		

家屋の所在	区分家屋 物件番号	家屋番号	種類・用途 建築年次	構造 屋根	地上 地下	登記床面積 ㎡ 現況床面積 ㎡	価格 円
世田谷区用賀***			共同住宅	軽量鉄骨造	2	200.00	
	***	**-**	平10年	亜鉛メッキ鋼板	0	200.00	10,000,000

世田谷都税事務所

固定小規模課標 円	都計小規模課標 円	小規模軽減額(都) 円	摘要
固定一般住宅課標 円	都計一般住宅課標 円	減額税額(固・都) 円	
固定非住宅課標 円	都計非住宅課標準 円	減免税額(固・都) 円	

固定課税標準額 円	固定資産税(相当)額 円	減額税額(固) 円	摘要
都計課税標準額 円	都市計画税(相当)額 円	減免税額(固・都) 円	
10,000,000	140,000		
10,000,000	30,000		

第3編　ケーススタディ

図19　メニュー画面

財産の入力

（財産）
- 土地　　　　　　　　　　　　　入力
- 建物　　　　　　　　　　　　　入力
- 預貯金・現金　　　　　　　　　入力
- 株式　　　　　　　　　　　　　入力
- 債券　　　　　　　　　　　　　入力
- 死亡保険金　　　　　　　　　　入力
- 贈与財産（相続時精算課税）　　入力
- 贈与財産（暦年課税相続前3年内）入力

（債務）
- 住宅ローン　　　　　　　　　　入力
- アパートローン　　　　　　　　入力
- その他借入金　　　　　　　　　入力

相続人の数の入力

- 配偶者と子供のケース　　　　　入力
- 子供のみのケース　　　　　　　入力

- 配偶者と両親のケース　　　　　入力
- 両親のみのケース　　　　　　　入力

- 配偶者と兄弟姉妹のケース　　　入力
- 兄弟姉妹のみのケース　　　　　入力

相続税概算の試算

ケース	増税前	増税後
配偶者と子供のケース	増税前	増税後
子供のみのケース	増税前	増税後
配偶者と両親のケース	増税前	増税後
両親のみのケース	増税前	増税後
配偶者と兄弟姉妹のケース	増税前	増税後
兄弟姉妹のみのケース	増税前	増税後

図20　その他財産の入力画面

その他財産

（単位：千円）

財産種類	相続税評価額
財産	
預貯金・現金	30,000
株式	2,000
債券	2,000
死亡保険金	30,000
贈与財産（相続時精算課税）	0
贈与財産（暦年課税相続前3年内）	0
債務	
住宅ローン	0
アパートローン	10,000
その他借入金	0
	54,000

メニュー

（その他財産データの入力）

「相続税概算試算」ファイルを開いて、シート「メニュー」を選択します。シート「メニュー」画面で、「財産の入力」の「預貯金・現金」の「入力」をクリックします。すると、預貯金・現金の入力画面に移動します。この預貯金・現金の入力画面で、その金額を入力します。株式、債券、死亡保険金、アパートローンについても、同様に入力します。なお、死亡保険金の金額は死亡時に受け取る保険金の金額を、アパートローンは基準日における残高（支払うべき元本残高）を、入力します。

図21 メニュー画面

財産の入力

(財産)
- 土地　　　　　　　　　　　　　　　　入力
- 建物　　　　　　　　　　　　　　　　入力
- 預貯金・現金　　　　　　　　　　　　入力
- 株式　　　　　　　　　　　　　　　　入力
- 債券　　　　　　　　　　　　　　　　入力
- 死亡保険金　　　　　　　　　　　　　入力
- 贈与財産（相続時精算課税）　　　　　入力
- 贈与財産（暦年課税相続前3年内）　　入力

(債務)
- 住宅ローン　　　　　　　　　　　　　入力
- アパートローン　　　　　　　　　　　入力
- その他借入金　　　　　　　　　　　　入力

相続人の数の入力
- 配偶者と子供のケース　　　　　　　　入力
- 子供のみのケース　　　　　　　　　　入力
- 配偶者と両親のケース　　　　　　　　入力
- 両親のみのケース　　　　　　　　　　入力
- 配偶者と兄弟姉妹のケース　　　　　　入力
- 兄弟姉妹のみのケース　　　　　　　　入力

相続税概算の試算
- 配偶者と子供のケース　　　　増税前　　　　　増税後
- 子供のみのケース　　　　　　増税前　　　　　増税後
- 配偶者と両親のケース　　　　増税前　　　　　増税後
- 両親のみのケース　　　　　　増税前　　　　　増税後
- 配偶者と兄弟姉妹のケース　　増税前　　　　　増税後
- 兄弟姉妹のみのケース　　　　増税前　　　　　増税後

このケースでは、預貯金3,000万円、株式200万円、債券200万円、死亡保険金3,000万円、アパートローン1,000万円ですので、その金額をそれぞれ入力します（図20）。

なお、「相続税概算試算」ファイルでは、入力は千円単位で行いますので注意して下さい。

（相続人データの入力）

「相続税概算試算」ファイルを開いて、シート「メニュー」を選択します。シート「メニュー」画面で、「相続人の数の入力」で、該当するケースの「入力」をクリックすると、入力画面に移動します。

移動した画面で、配偶者がいる場合には「配偶者」欄で「1」を選択します。いない場合には「配偶者」欄で「0」を選択します。子供については、実子がいる場合、「実子」欄でその人数を選択します。養子がいる場合にも、「養子」欄でその人数を選択します。

このケースでは、配偶者と子供が相続人ですので「メニュー」画面で「配偶者と子供のケース」の「入力」をクリックします。配偶者がおり、子供（実子）が2人のケースですので、移動した画面で、「配偶者」欄「1」、「実子欄」「2」、「養子」欄「0」を選択します。

（相続税概算試算結果）

「相続税概算試算」ファイルを開いて、シート「メニュー」を選択します。シート「メニュー」画面で、「相続税概算の試算」部分の該

第3編 ケーススタディ

図22 相続人の入力画面

相続税（増税前）子供

相続人の数	(単位:人数)
配偶者	1
子供	2

相続人の数	実子	養子
子供	2	0

(単位:人数)

課税価格	小規模宅地適用有 (単位:千円)	小規模宅地適用無 (単位:千円)
相続財産	269,300	269,300
小規模宅地等評価減	101,760	
死亡保険金非課税枠	15,000	15,000
課税価格　　　　(A)	152,540	254,300
基礎控除　　　　(B)	80,000	80,000
差引　　　　(A)-(B)	72,540	174,300
課税価格　配偶者	36,270	87,150
課税価格　子供	18,135	43,575
相続税　配偶者	5,254	19,145
相続税　子供	2,220	6,715
相続税合計	9,695	32,575

（留意事項）
・小規模宅地特例
小規模宅地特例は、自宅土地について適用できるケースと、適用できないケースのみ、試算しています。
不動産賃貸事業用土地についての小規模宅地特例は考慮していません。
・配偶者税額軽減
配偶者税額軽減を適用する前の相続税を試算しています。

メニュー

当するケースについて「増税前」「増税後」をクリックすると、それぞれのケースの相続税概算が表示されます。

なお、ここでの「増税前」「増税後」の増税というのは、社会保障・税一体改革での相続税増税（基礎控除引下げ、死亡保険金非課税枠圧縮、最高税率アップ）を指しています。

このケースでは、相続人は配偶者と子供2人ですので、「配偶者と子供のケース」の「増税前」「増税後」をクリックすると、社会保障・税一体改革での相続税増税が行われる前の相続税概算（「増税前」）と、相続税増税が行われた後の相続税概算（「増税後」）が表示されます。

（相続対策）

相続対策は、遺産分割対策、納税資金対策、相続税節税対策の3つからなります。このケースでは、相続財産として、土地建物（新宿区、自宅）、土地建物（世田谷区、賃貸アパート）、預貯金3,000万円、株式・債券400万円、死亡保険金3,000万円、アパートローン1,000万円となっています。

相続税概算をまとめると次のようになります（図24、図25）。

（相続税増税前）
小規模宅地特例適用有　9,695千円
小規模宅地特例適用無　32,575千円

（相続税増税後）
小規模宅地特例適用有　17,772千円
小規模宅地特例適用無　44,705千円

121

図23 メニュー画面

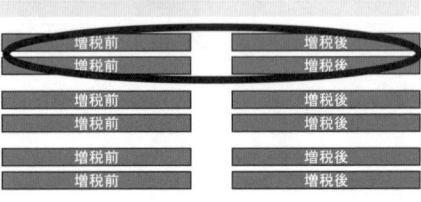

財産の入力

（財産）
土地	入力
建物	入力
預貯金・現金	入力
株式	入力
債券	入力
死亡保険金	入力
贈与財産（相続時精算課税）	入力
贈与財産（暦年課税相続前3年内）	入力

（債務）
住宅ローン	入力
アパートローン	入力
その他借入金	入力

相続人の数の入力

配偶者と子供のケース	入力
子供のみのケース	入力
配偶者と両親のケース	入力
両親のみのケース	入力
配偶者と兄弟姉妹のケース	入力
兄弟姉妹のみのケース	入力

相続税概算の試算

配偶者と子供のケース	増税前	増税後
子供のみのケース	増税前	増税後
配偶者と両親のケース	増税前	増税後
両親のみのケース	増税前	増税後
配偶者と兄弟姉妹のケース	増税前	増税後
兄弟姉妹のみのケース	増税前	増税後

ただし、この相続税概算については、以下の点について、注意する必要があります。

① 配偶者の税額軽減

相続税の配偶者税額軽減は適用しない前提で計算しています。

② 小規模宅地特例

小規模宅地特例は、自宅についてのみ考慮しています。不動産賃貸事業用土地についても小規模宅地特例は適用できる可能性がありますが、ここでは自宅土地についてのみ適用の有無を検討して計算しています。

なお、相続太郎さんが他界する前に、配偶者である相続花子さんが先に他界する可能性もゼロではありません。その場合には、相続太郎さんが他界した際、相続人となるのは子供2人となります。相続太郎さんの相続人が子供2人であるケースでは、相続税概算は次のようになります。

（相続税増税前）
小規模宅地特例適用有　13,508千円
小規模宅地特例適用無　42,790千円

（相続税増税後）
小規模宅地特例適用有　23,662千円
小規模宅地特例適用無　56,920千円

図24 相続税（増税前）概算結果の画面

相続税（増税前）子供

相続人の数	(単位：人数)
配偶者	1
子供	2

相続人の数	実子	養子	(単位：人数)
子供	2	0	

課税価格	小規模宅地適用有 (単位：千円)
相続財産	269,300
小規模宅地等評価減	101,760
死亡保険金非課税枠	15,000
課税価格　　　　　(A)	152,540
基礎控除　　　　　(B)	80,000
差引　　　　　(A)-(B)	72,540
課税価格　配偶者	36,270
課税価格　子供	18,135
相続税　配偶者	5,254
相続税　子供	2,220
相続税合計	9,695

課税価格	小規模宅地適用無 (単位：千円)
相続財産	269,300
死亡保険金非課税枠	15,000
課税価格	254,300
基礎控除	80,000
差引	174,300
課税価格　配偶者	87,150
課税価格　子供	43,575
相続税　配偶者	19,145
相続税　子供	6,715
相続税合計	32,575

（9,695 → 増税前・小規模宅地特例適用有のケース）
（32,575 → 増税前・小規模宅地特例適用無のケース）

（留意事項）
・小規模宅地特例
小規模宅地特例は、自宅土地について適用できるケースと、適用できないケースのみ、試算しています。
不動産賃貸事業用土地についての小規模宅地特例は考慮していません。
・配偶者税額軽減
配偶者税額軽減を適用する前の相続税を試算しています。

[メニュー]

図25 相続税（増税後）概算結果の画面

相続税（増税後）子供

相続人の数	(単位：人数)
配偶者	1
子供	2

相続人の数	実子	養子	(単位：人数)
子供	2	0	

課税価格	小規模宅地適用有 (単位：千円)
相続財産	269,300
小規模宅地等評価減	101,760
死亡保険金非課税枠	5,000
課税価格　　　　　(A)	162,540
基礎控除　　　　　(B)	48,000
差引　　　　　(A)-(B)	114,540
課税価格　配偶者	57,270
課税価格　子供	28,635
相続税　配偶者	10,181
相続税　子供	3,795
相続税合計	17,772

課税価格	小規模宅地適用無 (単位：千円)
相続財産	269,300
死亡保険金非課税枠	5,000
課税価格	264,300
基礎控除	48,000
差引	216,300
課税価格　配偶者	108,150
課税価格　子供	54,075
相続税　配偶者	26,260
相続税　子供	9,223
相続税合計	44,705

（17,772 → 増税後・小規模宅地特例適用有のケース）
（44,705 → 増税後・小規模宅地特例適用無のケース）

（留意事項）
・小規模宅地特例
小規模宅地特例は、自宅土地について適用できるケースと、適用できないケースのみ、試算しています。
不動産賃貸事業用土地についての小規模宅地特例は考慮していません。
・配偶者税額軽減
配偶者税額軽減を適用する前の相続税を試算しています。

[メニュー]

図26 相続税（増税前）概算結果の画面

相続税（増税前）子供

相続人の数	(単位：人数)
配偶者	0
子供	2

→ 0選択

相続人の数	実子	養子
子供	2	0

（単位：人数）

課税価格	小規模宅地適用有	小規模宅地適用無
相続財産	269,300	269,300
小規模宅地等評価減	101,760	
死亡保険金非課税枠	10,000	10,000
課税価格　(A)	157,540	259,300
基礎控除　(B)	70,000	70,000
差引　(A)-(B)	87,540	189,300
課税価格　配偶者	0	0
課税価格　子供	43,770	94,650
相続税　配偶者	0	0
相続税　子供	6,754	21,395
相続税合計	13,508	42,790

（単位：千円）

→ 増税前・小規模宅地特例適用有
→ 増税前・小規模宅地特例適用無

（留意事項）
・小規模宅地特例
小規模宅地特例は、自宅土地について適用できるケースと、適用できないケースのみ、試算しています。
不動産賃貸事業用土地についての小規模宅地特例は考慮していません。
・配偶者税額軽減
配偶者税額軽減を適用する前の相続税を試算しています。

メニュー

相続税概算額のまとめ

相続花子さんが存命のケース（単位：千円）

	小規模宅地特例適用有	小規模宅地特例適用無
増税前	9,695	32,575
増税後	17,772	44,705

相続花子さんが先に他界のケース（単位：千円）

	小規模宅地特例適用有	小規模宅地特例適用無
増税前	13,508	42,790
増税後	23,662	56,920

この相続税概算は、エクセルファイルの「相続人の数」「配偶者」欄で「0」を選択すれば計算されます（図26、図27）。

以上のことからわかることは、相続税は最大56,920千円（相続花子さんが先に他界し小規模宅地特例の適用がない場合で、相続税増税が行われたケース）となる、ということです。また、相続税増税（基礎控除引下げ）の影響も大きいですが、このケース（地価の高い場所に自宅を持っているケース）では小規模宅地特例の適用の有無の影響がより大きいことがわかります。

これを踏まえて、相続対策を検討していきます。

図27 相続税（増税後）概算結果の画面

相続税（増税後）子供

(単位：人数)

相続人の数	
配偶者	0
子供	2

(単位：人数)

相続人の数	実子	養子
子供	2	0

(単位：千円)

課税価格		小規模宅地適用有
相続財産		269,300
小規模宅地等評価減		101,760
死亡保険金非課税枠		0
課税価格	(A)	167,540
基礎控除	(B)	42,000
差引	(A)-(B)	125,540
課税価格 配偶者		0
課税価格 子供		62,770
相続税 配偶者		0
相続税 子供		11,831
相続税合計		23,662

(単位：千円)

	小規模宅地適用無
	269,300
	0
	0
	269,300
	42,000
	227,300
	0
	113,650
	0
	28,460
	56,920

23,662 → 増税後・小規模宅地特例適用有
56,920 → 増税後・小規模宅地特例適用無

（留意事項）
・小規模宅地特例
　小規模宅地特例は、自宅土地について適用できるケースと、適用できないケースのみ、試算しています。
　不動産賃貸事業用土地についての小規模宅地特例は考慮していません。
・配偶者税額軽減
　配偶者税額軽減を適用する前の相続税を試算しています。

メニュー

（遺産分割対策）

相続太郎さんの財産は、土地建物（新宿区、自宅）、土地建物（世田谷区、賃貸アパート）、預貯金3,000万円、株式・債券400万円、死亡保険金3,000万円、アパートローン1,000万円です。

相続税が最大約5,700万円必要となる可能性があるため、預貯金、株式・債券、死亡保険金は納税資金として考えておいたほうがよいでしょう。

したがって、土地建物（新宿区、自宅）、土地建物（世田谷区、賃貸アパート）をどのように財産分けするか、方向性を検討する必要が生じます。どの土地建物を、どの子供が相続するか、ということを検討しておく必要があるでしょう。

財産分けの方法としては次の選択肢があります。

(1) 実際の相続の際に、遺産分割協議で合意する
(2) 生前に、遺言を作成する
(3) 生前に、贈与を行う

財産分けの方向性が生前に決まったら、その方向性について法律的な効力を与えたいということであれば（2）遺言を作成する、（3）生前に贈与を行う、の選択肢をとることになります。（1）実際の遺産分割協議で合意する、という選択肢の場合には、相続の際に、事前に合意した方向性と異なることを、相続人間で財産分けの方向性について合意していても、それ自体は法律上効力はありません。ですから、法律上も生前に合意した財産分けの方向性に法律的効力を与えたて確実にしたいという場合

には、(2) 生前に遺言を作成する、または (3) 生前に贈与を行う、という選択肢を実行する必要があります。

ただ、多くのケースでは、生前に財産分けの方向性を合意しておけば（法律上の効力はないにしろ）それに従って遺産分割協議が行われることが多いでしょう。そのように考えて、方向性の合意を確認し、法律上の効力は必要ないと判断するのであれば、(1) 実際の相続の際に、遺産分割協議で合意するのも方向性の合意だけを確認することも検討した上で、どの選択肢を実行するか決める必要があります。

なお、(2) 生前に遺言を作成する、(3) 生前に贈与を行う、ともに財産分けの方向性は法律的に決まりますが、次の点で異なります。これらのことも検討した上で、どの選択肢を実行するか決める必要があります。

① 相続までの財産の持ち主

(2) 生前に遺言を作成する場合には、財産の持ち主は相続まで変わりません。(3) 生前に贈与を行う場合には、贈与時点で（つまり相続の前の時点で）財産の持ち主が変わります。

例えば、相続太郎さんが自宅土地を、生前に遺言を作成して、相続裕子さんに相続させる旨決めた場合、相続太郎さんが他界するまでは変わらず、相続太郎さんが自宅土地の持ち主となります。相続太郎さんが他界したときに、初めて遺言の効力が生じますので、他界した時点で遺言に従って自宅土地は、相続裕子さんが持ち主となります。相続太郎さんが自宅土地を相続裕子さんに生前に贈与を行った場合、贈与した時点で、自宅土地の持ち主が相続太郎さんから相続裕子さんへ変わります。

このように、遺言と贈与とでは、財産の持ち主が変わるタイミングが異なります。

② 税金

(2) 生前に遺言を作成する場合、財産の持ち主が変わるのは相続の時です。したがって、相続税の対象となります。(3) 生前に贈与を行う場合、贈与時点で財産の持ち主が変わります。したがって、贈与時に贈与税の対象となります。

つまり、遺言の場合には相続税、贈与の場合には贈与税の対象となるということです。財産分けの方向性に法律的に効力を与えたい場合には、この税金のこともしっかりと検討する必要があります。多額の財産を贈与する場合、相続税よりも贈与税（暦年課税）のほうが税金は一般的に高くなりますので注意が必要です。

また、不動産を (3) 生前に贈与を行う場合には、不動産取得税、登録免許税がかかります。不動産を (2) 生前に遺言を作成した場合には、不動産取得税はかかりません。また、登録免許税は相続後、登記変更時にかかりますが、贈与よりも少ない税額で済みます。

(不動産取得税)

・贈与の場合
土地：固定資産税評価額×3％
家屋（住宅）：固定資産税評価額×3％
家屋（非住宅）：固定資産税評価額×4％
なお、土地が宅地等である場合には、固定資産税評価額×50％×3％が不動産取得税となります（平成27年3月31日取得まで）。

・遺言の場合（相続人に対するもの）
なし

（登録免許税）

- 贈与の場合
  - 土地：固定資産税評価額×2%
  - 家屋：固定資産税評価額×2%
- 遺言の場合（相続人に対するもの）
  - 土地：固定資産税評価額×0.4%
  - 家屋：固定資産税評価額×0.4%

③ 実行コスト

（2）生前に遺言を作成する場合、後日トラブルにならないようにするためには公正証書遺言にした方がよいでしょう。公正証書遺言にする場合には、公証人手数料がかかります。遺言の対象となる財産の金額、受遺者・相続人の数によって公証人手数料は異なります。財産（1億円）を相続人（1人）に対して遺言で相続させる場合には、公証人手数料は43,000円です。詳しくは、日本公証人連合会ホームページ（http://www.koshonin.gr.jp/hi.html#04）で確認してください。

贈与の場合、贈与契約書を作成しますが、公証人手数料はかかりませんので、公証人手数料はかかりません。

（納税資金対策）

相続太郎さんの相続の際、相続税概算額は次のようになります。

相続税概算額のまとめ

相続花子さんが存命のケース（単位：千円）

	小規模宅地特例適用有	小規模宅地特例適用無
増税前	9,695	32,575
増税後	17,772	44,705

相続花子さんが先に他界のケース（単位：千円）

	小規模宅地特例適用有	小規模宅地特例適用無
増税前	13,508	42,790
増税後	23,662	56,920

結果として、相続税は最大約5,700万円かかるということになります。預貯金、株式・債券、死亡保険金の合計で、6,400万円ありますので、現状、相続が発生しても、納税資金が不足することはないでしょう。

ただし、生活費や医療費などで預貯金が減少していく可能性もあるため、定期的に現状分析を行って、相続税概算額と納税資金とのバランスを確認しておく必要があるでしょう。

また、死亡保険金については受取人を誰にする必要があるか検討し、必要であれば受取人の変更が必要かもしれません。いずれにせよ、相続税概算と納税資金とのバランスを定期的に確認し、納税資金が不足

する場合には、土地建物を売却することも選択肢として検討する必要があるでしょう。

土地建物を売却する必要があるケースでは、売却予定の土地について、測量や境界確定の手続を進めておく必要があります。というのも、境界確定のためには隣地の土地所有者の同意を得る必要があり、同意を得るために時間が必要となる可能性があるためです。場合によっては、隣地の土地所有者の同意が得られないこともありえます。

なお、遺産分割の方向性が決まり、納税資金の目途がついた後、両者のバランスを維持しながら、相続税節税対策を行うことになります。相続税節税対策により、相続税額が少なくなれば、納税資金の必要資金が減ることになります。その際には、納税資金対策を見直すことになります。

(相続税節税対策)

繰り返しになりますが、相続太郎さんの相続の際、相続税概算額は次のようになります。

相続税概算額のまとめ

相続花子さんが存命のケース（単位：千円）

	小規模宅地特例適用有	小規模宅地特例適用無
増税前	9,695	32,575
増税後	17,772	44,705

相続花子さんが先に他界のケース（単位：千円）

	小規模宅地特例適用有	小規模宅地特例適用無
増税前	13,508	42,790
増税後	23,662	56,920

(対策1) 小規模宅地特例

自宅土地について、小規模宅地特例が適用できるか否かで相続税額は大きく異なります。相続太郎さんの相続では、配偶者の相続花子さんが存命か否か、相続税増税前か後か、により異なりますが、自宅土地に小規模宅地特例の適用があるかどうかで、2〜3千万円相続税が異なることになります。たとえば、相続花子さんが存命のケースで、相続税増税前の場合、相続税は9,695千円（小規模宅地特例の適用あり）、32,575千円（小規模宅地特例の適用なし）ですので、差額は22,880千円となります。

したがって、自宅土地に小規模宅地特例を適用できるよう、可能な限り対策を行う必要があります。自宅土地に小規模宅地特例を適用できる場合は、次の3つのいずれかケースです。

① 配偶者
他界した人の自宅土地を、他界した人の配偶者が相続・遺贈で取得する場合

② 子供（同居）
他界した人の自宅土地を、他界した人と生前に同居していた子

128

第3編 ケーススタディ

③ 子供（家なき子）

他界した人の自宅土地を、その相続前3年以内に、本人およびその本人の配偶者の所有する建物に居住したことがない子供が、相続・遺贈で取得し、相続税申告期限まで、引き続き所有している場合（他界した人に配偶者・同居していた相続人がいない場合に限ります）

供が相続・遺贈で取得し、相続税申告期限まで、引き続き所有し、かつ居住している場合

相続太郎さんの相続で、配偶者である相続花子さんが存命のケース、すでに他界しているケースのそれぞれについて検討してみます。

《相続花子さんが存命のケース》

相続太郎さんの相続で、自宅土地に小規模宅地特例を適用するには、配偶者である相続花子さんが自宅土地を相続する必要があります。なぜなら、自宅土地を子供が相続する際に小規模宅地特例を適用するには、②子供（同居）、または③子供（家なき子）に該当する必要がありますが、子供は同居もしていませんし、配偶者が存命しているのですので子供（家なき子）の条件も満たしていません。したがって、このケースで配偶者である相続花子さんが存命している場合、自宅土地に小規模宅地特例を適用するためには、自宅土地は配偶者である相続花子さんが相続する必要があります。

《相続花子さんが既に他界のケース》

相続太郎さんの相続で、自宅土地に小規模宅地特例を適用するためには、本人およびその本人の配偶者の所有する建物に、相続前3年以内に居住したことがない子供が相続し、相続税の申告期限まで所有する必要があります。このケースでは、配偶者は既に他界していますので、相続税の申告期限まで継続して所有する子供もいません。したがって、③子供（家なき子）の条件に該当していなければ、自宅土地に小規模宅地特例は適用できないことになります。また、同居している子供もいません。2人の子供が共に、持家を持っており、そこに住んでいる場合には、子供（家なき子）には該当しないため、自宅土地に小規模宅地特例の適用はできない、という結論になります。

このケースでは、子供が同居していないため、自宅土地を、配偶者が相続するか、または子供（家なき子）が相続するか、のいずれかでなければ、自宅土地に小規模宅地特例の適用はできません。ただし、これらの判断は相続が発生した時点で判断されますので、相続のときに両親の自宅に子供が同居しており、その子供が自宅土地を相続し、継続して居住・所有すれば、②子供（同居）の条件に該当し、小規模宅地特例が適用できます。つまり、両親の自宅に子供が同居するようにすれば、自宅土地に小規模宅地特例が適用できる可能性が高まります。

ただし、同居をする場合でも、二世帯住宅に建て替える場合、両親が民間老人ホームへ入所する場合、には、小規模宅地特例の適用に影響が生じる可能性がありますので注意が必要です。

・両親が民間老人ホームに入所する場合

自宅土地所有者、このケースでは相続太郎さんの介護の問題などで、

129

図28 建物の入力画面

土地建物

所在地		土地/借地権							
		土地権利	利用用途	路線価	借地権割合	地積(㎡)	土地評価	持分率(%)	土地/借地権相続税評価額
新宿区若宮町***	自宅	所有権	自用地	530	C(70%)	240.00	127,200	100.00%	127,200
世田谷区用賀二丁目***		所有権	貸家建付地	450	C(70%)	200.00	71,100	100.00%	71,100
							0		0
							0		0
							0		0
							0		0
							0		0
							0		0
							0		0
									198,300

(単位:千円)

建物		
建物評価	持分率(%)	建物評価
18,000	100.00%	18,000
10,000	100.00%	7,000
0		0
0		0
0		0
0		0
0		0
0		0
0		0
0		0
		25,000

（吹き出し）10,000千円の自宅建物を取り壊し、固定資産税評価額18,000千円の自宅建物を新築します。

メニュー

図29 その他財産の入力画面

その他財産

(単位:千円)

財産種類	相続税評価額
財産	
預貯金・現金	0
株式	24,000
債券	
死亡保険金	
贈与財産（相続時精算課税）	
贈与財産（暦年課税相続前3年内）	0
債務	
住宅ローン	0
アパートローン	10,000
その他借入金	0
	24,000

（吹き出し）預金30,000千円を使うので、0千円となります。

メニュー

相続太郎さんが民間老人ホームへ入所し、そこで他界したケースを考えてみます。その場合、終身利用権の有無などの問題はありますが、民間老人ホームが相続太郎さんの住まいと判断されるケースが多いでしょう。そうなると、他界した時点では、自宅建物は持ち主である相続太郎さんの住まいではないと判断されることになってしまいます。自宅土地に小規模宅地特例が適用できる前提として、他界した方が住んでいた土地である必要があります。したがって、自宅土地の持ち主が民間老人ホームへ入所して、そこで他界した場合には、小規模宅地特例が適用できなくなる可能性が高くなります。

なお、自宅から病院へ入院し、病院で他界した場合には、住まいは元の自宅にあると税務署は判断しています。

- 二世帯住宅に建て替える場合

次に、同居と二世帯住宅の関係です。二世帯住宅でも様々なタイプのものがあります。リビングやダイニングが共用となっているものから、玄関、キッチン、バス、リビング等全てが別になっているタイプであります。同居で問題となるのは、全てが別になっているタイプのもの、いわゆる完全分離型のものです。結論から言えば、完全分離型で、構造上、中で行き来ができないものは、同居として判断されません。完全分離型でも、中で行き来ができれば（中にドアがあり、行き来ができれば）、そこまでは同居として判断する、というのが現在の税務署の判断のようです。したがって、自宅土地に小規模宅地特例の適用を考えるのであれば、二世帯住宅（完全分離型）にする場合でも、最低限、中で行き来できる構造にしておく必要があります。

（対策２）住宅建替え

相続太郎さんが住宅を建替えするとします。

このケースで、相続太郎さんが預金3,000万円を使って自宅建物を建て替えるとします。

まず、現在の自宅建物が取り壊されますので、現在の建物評価額が0になります。その後、預金3,000万円を使って、木造の自宅建物を建築したとします。この場合には、預金3,000万円が建物3,000万円に変化したことになります。相続税の計算では、建物評価額は固定資産税評価額であって、実際の建築資金ではありませんから、3,000万円の預金を使って、建築費3,000万円の建物を作っても、その建物の評価額は3,000万円の固定資産税評価額になる、ということになります。建物の固定資産税評価額は、経験的には、建築費の60％前後になることが多いです。したがって、

預金3,000万円が建物1,800万円（＝3,000万円×60％）となります。

この結果、元の建物評価額△1,000万円、預金△3,000万円、新しい建物評価額＋1,800万円、これらを合計すると、2,200万円だけ財産の評価額が減少します。

ただし、相続税の節税のためだけに建替えをするのは本末転倒となる可能性があります。無駄遣いをして財産を減らせば相続税も減らすことができますが、それでは財産自体も減っているためあまり意味がありません。近い将来において建替えが必要となる場合であれば、相続よりも相続前に（早めに）建替えしておいたほうが相続税の節税にもなるので、相続前にやっておいたほうがよい、というふうに考えるべきでしょう。小規模宅地特例の適用も考えて、同居をする場合に二世帯住宅に建て替える場合など、建替資金を土地の所有者（このケースでは相続太郎さん）が出せば、それも節税になるということです。

建替えが相続税の節税になるという理由は、建物の相続税評価額は固定資産税評価額であり、その建物の固定資産税評価額は木造家屋であれば建築費の60％前後になる、という点です。建築費と相続税評価額（固定資産税評価額）との差額を活用した節税というのがポイントです。

図30 相続税（増税前・配偶者有）概算結果の画面

相続税(増税前)子供

相続人の数	(単位:人数)
配偶者	1
子供	2

相続人の数	実子	養子
子供	2	0

課税価格	小規模宅地適用有 (単位:千円)	小規模宅地適用無 (単位:千円)
相続財産	247,300	247,300
小規模宅地等評価減	101,760	
死亡保険金非課税枠	15,000	15,000
課税価格　　(A)	130,540	232,300
基礎控除　　(B)	80,000	80,000
差引　　(A)-(B)	50,540	152,300
課税価格　配偶者	25,270	76,150
課税価格　子供	12,635	38,075
相続税　配偶者	3,291	15,845
相続税　子供	1,395	5,615
相続税合計	6,081	27,075

（留意事項）
・小規模宅地特例
小規模宅地特例は、自宅土地について適用できるケースと、適用できないケースのみ、試算しています。
不動産賃貸事業用土地についての小規模宅地特例は考慮していません。
・配偶者税額軽減
配偶者税額軽減を適用する前の相続税を試算しています。

図31 相続税（増税後・配偶者有）概算結果の画面

相続税(増税後)子供

相続人の数	(単位:人数)
配偶者	1
子供	2

相続人の数	実子	養子
子供	2	0

課税価格	小規模宅地適用有 (単位:千円)	小規模宅地適用無 (単位:千円)
相続財産	247,300	247,300
小規模宅地等評価減	101,760	
死亡保険金非課税枠	5,000	5,000
課税価格　　(A)	140,540	242,300
基礎控除　　(B)	48,000	48,000
差引　　(A)-(B)	92,540	194,300
課税価格　配偶者	46,270	97,150
課税価格　子供	23,135	48,575
相続税　配偶者	7,254	22,145
相続税　子供	2,970	7,715
相続税合計	13,195	37,575

（留意事項）
・小規模宅地特例
小規模宅地特例は、自宅土地について適用できるケースと、適用できないケースのみ、試算しています。
不動産賃貸事業用土地についての小規模宅地特例は考慮していません。
・配偶者税額軽減
配偶者税額軽減を適用する前の相続税を試算しています。

図32 相続税（増税前・配偶者無）概算結果の画面

相続税（増税前）子供

相続人の数	（単位：人数）
配偶者	0
子供	2

相続人の数	実子	（単位：人数）養子
子供	2	0

課税価格	（単位：千円）小規模宅地適用有	（単位：千円）小規模宅地適用無
相続財産	247,300	247,300
小規模宅地等評価減	101,760	
死亡保険金非課税枠	10,000	10,000
課税価格 　　　　(A)	135,540	237,300
基礎控除 　　　　(B)	70,000	70,000
差引 　　　　(A)-(B)	65,540	167,300
課税価格　配偶者	0	0
課税価格　子供	32,770	83,650
相続税　配偶者	0	0
相続税　子供	4,554	18,095
相続税合計	**9,108**	**36,190**

（留意事項）
・小規模宅地特例
小規模宅地特例は、自宅土地について適用できるケースと、適用できないケースのみ、試算しています。
不動産賃貸事業用土地についての小規模宅地特例は考慮していません。
・配偶者税額軽減
配偶者税額軽減を適用する前の相続税を試算しています。

図33 相続税（増税後・配偶者無）概算結果の画面

相続税（増税後）子供

相続人の数	（単位：人数）
配偶者	0
子供	2

相続人の数	実子	（単位：人数）養子
子供	2	0

課税価格	（単位：千円）小規模宅地適用有	（単位：千円）小規模宅地適用無
相続財産	247,300	247,300
小規模宅地等評価減	101,760	
死亡保険金非課税枠	0	0
課税価格 　　　　(A)	145,540	247,300
基礎控除 　　　　(B)	42,000	42,000
差引 　　　　(A)-(B)	103,540	205,300
課税価格　配偶者	0	0
課税価格　子供	51,770	102,650
相続税　配偶者	0	0
相続税　子供	8,531	24,060
相続税合計	**17,062**	**48,120**

（留意事項）
・小規模宅地特例
小規模宅地特例は、自宅土地について適用できるケースと、適用できないケースのみ、試算しています。
不動産賃貸事業用土地についての小規模宅地特例は考慮していません。
・配偶者税額軽減
配偶者税額軽減を適用する前の相続税を試算しています。

（対策3）住宅リフォーム

相続太郎さんが住宅をリフォームすると相続税の節税になります。

これは建物の建替えと同じようなロジックです。例えば、預金1,000万円で建物のリフォームを行った場合、預金1,000万円が、建物1,000万円に変わったことになります。建物の相続税評価額は、固定資産税評価額になりますが、建物内部のリフォームを行っても建物の固定資産税評価額は通常は変わらないことが多いでしょう。つまり、預金1,000万円を使って、建物内部のリフォームを行っても建物の固定資産税評価額（固定資産税評価額）は変わらないことが多く、建物固定資産税評価額が変わらなければ1,000万円分だけ財産を減らしたことになります。

ただし、相続税節税のためだけに、無駄に建物リフォームを行っても本末転倒です。近い将来に必要な建物リフォームを相続前に（前倒しで）実施する、というように考えるべきです。

小規模宅地特例を適用するために子供と同居をする場合に、二世帯住宅に建て替えるまでは必要ない場合であっても建物内部のリフォームを行うケースは多いでしょう。その場合には、建物内部のリフォーム代分は、財産を減らして節税となる可能性があります。また、賃貸アパートの空室率低下、家賃維持のため、建物内部のリフォームをするというのも同様の効果があります。なおかつ、賃貸アパートのリフォームについては、修繕費・減価償却費として所得税の節税にもなります。

相続税がどれくらい減るかは、エクセルシートの預金を修正（このケースでは、1,000万円減らして、2,000万円に）すれば、相続税がどれくらいになるのかわかります。

相続税概算額のまとめ

相続花子さんが存命のケース（単位：千円）

	小規模宅地特例適用有		小規模宅地特例適用無	
	対策前	対策後	対策前	対策後
増税前	9,695	6,081	32,575	27,075
増税後	17,772	13,195	44,705	37,575

相続花子さんが先に他界のケース（単位：千円）

	小規模宅地特例適用有		小規模宅地特例適用無	
	対策前	対策後	対策前	対策後
増税前	13,508	9,108	42,790	36,190
増税後	23,662	17,062	56,920	48,120

実際にどれくらい相続税が少なくなるのかは、エクセルシートの建物・預金の数字を修正すればわかります。

本ケースで、建築費3,000万円の建物（固定資産税評価額1,800万円）に建て替えた場合、相続税は次の通りです。

第3編 ケーススタディ

図34 その他財産の入力画面

その他財産

（単位：千円）

財産種類	相続税評価額
財産	
預貯金・現金	20,000
株式	2,000
債券	2,000
死亡保険金	
贈与財産（相続時精算課）	
贈与財産（暦年課税相続）	
債務	
住宅ローン	0
アパートローン	10,000
その他借入金	0
	44,000

（吹き出し）預金10,000千円を建物リフォームに使用し、預金は20,000千円に減少。

メニュー

なお、リフォームでも増築となる場合（床面積が増える場合）には、固定資産税評価額が変わる可能性があります。増築でない場合（床面積が増えない場合）のリフォームでも、建物外部のリフォームである場合でも、固定資産税評価額が変わる可能性があります。管轄の都税事務所、市役所に、どのようになるのかフォームの場合に、建物固定資産税評価額が変わるのか、確認した上で実施したほうがよいでしょう。

本ケースで、建物リフォーム1,000万円（固定資産税評価額変化なし）した場合、相続税は次の通りです。

相続税概算額のまとめ

相続花子さんが存命のケース（単位：千円）

	小規模宅地特例適用有		小規模宅地特例適用無	
	対策前	対策後	対策前	対策後
増税前	9,695	7,945	32,575	30,075
増税後	17,772	15,522	44,705	41,205

相続花子さんが先に他界のケース（単位：千円）

	小規模宅地特例適用有		小規模宅地特例適用無	
	対策前	対策後	対策前	対策後
増税前	13,508	11,508	42,790	39,790
増税後	23,662	20,662	56,920	52,920

図35 相続税（増税前・配偶者有）概算結果の画面

相続税(増税前)子供

(単位:人数)

相続人の数	
配偶者	1
子供	2

(単位:人数)

相続人の数	実子	養子
子供	2	0

(単位:千円)

課税価格		小規模宅地適用有	小規模宅地適用無
相続財産		259,300	259,300
小規模宅地等評価減		101,760	
死亡保険金非課税枠		15,000	15,000
課税価格	(A)	142,540	244,300
基礎控除	(B)	80,000	80,000
差引	(A)-(B)	62,540	164,300
課税価格 配偶者		31,270	82,150
課税価格 子供		15,635	41,075
相続税 配偶者		4,254	17,645
相続税 子供		1,845	6,215
相続税合計		**7,945**	**30,075**

（留意事項）
・小規模宅地特例
小規模宅地特例は、自宅土地について適用できるケースと、適用できないケースのみ、試算しています。
不動産賃貸事業用土地についての小規模宅地特例は考慮していません。
・配偶者税額軽減
配偶者税額軽減を適用する前の相続税を試算しています。

[メニュー]

図36 相続税（増税後・配偶者有）概算結果の画面

相続税(増税後)子供

(単位:人数)

相続人の数	
配偶者	1
子供	2

(単位:人数)

相続人の数	実子	養子
子供	2	0

(単位:千円)

課税価格		小規模宅地適用有	小規模宅地適用無
相続財産		259,300	259,300
小規模宅地等評価減		101,760	
死亡保険金非課税枠		5,000	5,000
課税価格	(A)	152,540	254,300
基礎控除	(B)	48,000	48,000
差引	(A)-(B)	104,540	206,300
課税価格 配偶者		52,270	103,150
課税価格 子供		26,135	51,575
相続税 配偶者		8,681	24,260
相続税 子供		3,420	8,473
相続税合計		**15,522**	**41,205**

（留意事項）
・小規模宅地特例
小規模宅地特例は、自宅土地について適用できるケースと、適用できないケースのみ、試算しています。
不動産賃貸事業用土地についての小規模宅地特例は考慮していません。
・配偶者税額軽減
配偶者税額軽減を適用する前の相続税を試算しています。

[メニュー]

第3編 ケーススタディ

図37 相続税（増税前・配偶者無）概算結果の画面

相続税(増税前)子供

相続人の数	(単位:人数)
配偶者	0
子供	2

相続人の数	実子	養子
子供	2	0

課税価格	(単位:千円) 小規模宅地適用有	(単位:千円) 小規模宅地適用無
相続財産	259,300	259,300
小規模宅地等評価減	101,760	
死亡保険金非課税枠	10,000	10,000
課税価格 (A)	147,540	249,300
基礎控除 (B)	70,000	70,000
差引 (A)-(B)	77,540	179,300
課税価格 配偶者	0	0
課税価格 子供	38,770	89,650
相続税 配偶者	0	0
相続税 子供	5,754	19,895
相続税合計	**11,508**	**39,790**

（留意事項）
・小規模宅地特例
小規模宅地特例は、自宅土地について適用できるケースと、適用できないケースのみ、試算しています。
不動産賃貸事業用土地についての小規模宅地特例は考慮していません。
・配偶者税額軽減
配偶者税額軽減を適用する前の相続税を試算しています。

図38 相続税（増税後・配偶者無）概算結果の画面

相続税(増税後)子供

相続人の数	(単位:人数)
配偶者	0
子供	2

相続人の数	実子	養子
子供	2	0

課税価格	(単位:千円) 小規模宅地適用有	(単位:千円) 小規模宅地適用無
相続財産	259,300	259,300
小規模宅地等評価減	101,760	
死亡保険金非課税枠	0	0
課税価格 (A)	157,540	259,300
基礎控除 (B)	42,000	42,000
差引 (A)-(B)	115,540	217,300
課税価格 配偶者	0	0
課税価格 子供	57,770	108,650
相続税 配偶者	0	0
相続税 子供	10,331	26,460
相続税合計	**20,662**	**52,920**

（留意事項）
・小規模宅地特例
小規模宅地特例は、自宅土地について適用できるケースと、適用できないケースのみ、試算しています。
不動産賃貸事業用土地についての小規模宅地特例は考慮していません。
・配偶者税額軽減
配偶者税額軽減を適用する前の相続税を試算しています。

図39 土地の入力画面

土地建物

所在地		土地/借地権					
		土地権利	利用用途	路線価	借地権割合	地積(㎡)	土地評価	持分率(%)
新宿区若宮町***	自宅	所有権	自用地	530	C(70%)	240.00	127,200	100.00%
世田谷区用賀二丁目***		所有権	貸家建付地	450	C(70%)	200.00	71,100	100.00%
							0	
							0	
							0	
							0	
							0	
							0	
							0	
							0	

(単位:千円)

土地/借地権 相続税評価額	建物		
	建物評価	持分率(%)	建物評価
107,200	10,000	100.00%	10,000
71,100	10,000	100.00%	7,000
0			0
0			0
0			0
0			0
0			0
0			0
0			0
0			0
178,300			17,000

（吹き出し）土地20,000千円分を配偶者へ贈与するので、20,000千円減少させます。

メニュー

（対策4）贈与（配偶者）

婚姻期間が20年以上である夫婦間で、居住用土地建物の贈与があった場合、2,000万円までは贈与税・相続税はかかりません。したがって、相続太郎さんの相続発生前に、2,000万円分の新宿区自宅土地を、相続花子さんへ贈与すれば、贈与税がかからずに、2,000万円分の財産が減ります。この特例を適用するためには、次の全ての条件を満たす必要があります。

① 夫婦の婚姻期間が20年を過ぎた後に贈与が行われたこと

② 配偶者から贈与された財産が、自分が住むための居住用不動産であること、または居住用不動産を取得するための金銭であること

③ 贈与を受けた年の翌年3月15日までに、贈与により取得した国内の居住用不動産または贈与を受けた金銭で取得した国内の居住用不動産に、贈与を受けた者が現実に住んでおり、その後も引き続き住む見込みであること

この贈与を行った場合の相続税については、エクセルシートの土地部分を修正（2,000万円減少）すれば計算できます。

ただし、不動産（土地・建物）の贈与を行った場合には、取得者（このケースでは配偶者である相続花子さん）に不動産取得税と登録免許税がかかりますので、その点は注意が必要です。

本ケースで、配偶者へ土地2,000万円を贈与した場合、相続税は次の通りです。

相続税概算額のまとめ

相続花子さんが存命のケース（単位：千円）

	小規模宅地特例適用有		小規模宅地特例適用無	
	対策前	対策後	対策前	対策後
増税前	9,695	8,995	32,575	27,575
増税後	17,772	16,872	44,705	38,075

相続花子さんが先に他界のケース（単位：千円）

	小規模宅地特例適用有		小規模宅地特例適用無	
	対策前	対策後	対策前	対策後
増税前	13,508	12,708	42,790	36,790
増税後	23,662	22,462	56,920	48,920

なお、2,000万円土地を贈与して財産が2,000万円減少しているにもかかわらず、小規模宅地特例適用有のケースでは、相続税があまり減少していません。これは、小規模宅地特例の適用がある場合には、自宅土地は80％マイナスで20％評価となっています。2,000万円自宅土地を贈与しても、小規模宅地特例の適用がある場合には、もともと400万円（＝2,000万円×20％）で相続税が課

（不動産取得税）

・贈与の場合

土地：固定資産税評価額×3％
家屋（住宅）：固定資産税評価額×3％
家屋（非住宅）：固定資産税評価額×4％

なお、土地が宅地等である場合には、固定資産税評価額×50％×3％が不動産取得税となります（平成27年3月31日取得まで）。

（登録免許税）

・贈与の場合

土地：固定資産税評価額×2％
家屋：固定資産税評価額×2％

なお、この2,000万円の贈与税非課税（配偶者控除）は、同一夫婦では一生に1回しか適用できません。

図40 相続税(増税前・配偶者有)概算結果の画面

相続税(増税前)子供

(単位:人数)

相続人の数	
配偶者	1
子供	2

(単位:人数)

相続人の数	実子	養子
子供	2	0

(単位:千円)

課税価格		小規模宅地適用有	小規模宅地適用無
相続財産		249,300	249,300
小規模宅地等評価減		85,760	
死亡保険金非課税枠		15,000	15,000
課税価格	(A)	148,540	234,300
基礎控除	(B)	80,000	80,000
差引	(A)-(B)	68,540	154,300
課税価格 配偶者		34,270	77,150
課税価格 子供		17,135	38,575
相続税 配偶者		4,854	16,145
相続税 子供		2,070	5,715
相続税合計		**8,995**	**27,575**

(留意事項)
・小規模宅地特例
小規模宅地特例は、自宅土地について適用できるケースと、適用できないケースのみ、試算しています。
不動産賃貸事業用土地についての小規模宅地特例は考慮していません。
・配偶者税額軽減
配偶者税額軽減を適用する前の相続税を試算しています。

[メニュー]

図41 相続税(増税後・配偶者有)概算結果の画面

相続税(増税後)子供

(単位:人数)

相続人の数	
配偶者	1
子供	2

(単位:人数)

相続人の数	実子	養子
子供	2	0

(単位:千円)

課税価格		小規模宅地適用有	小規模宅地適用無
相続財産		249,300	249,300
小規模宅地等評価減		85,760	
死亡保険金非課税枠		5,000	5,000
課税価格	(A)	158,540	244,300
基礎控除	(B)	48,000	48,000
差引	(A)-(B)	110,540	196,300
課税価格 配偶者		55,270	98,150
課税価格 子供		27,635	49,075
相続税 配偶者		9,581	22,445
相続税 子供		3,645	7,815
相続税合計		**16,872**	**38,075**

(留意事項)
・小規模宅地特例
小規模宅地特例は、自宅土地について適用できるケースと、適用できないケースのみ、試算しています。
不動産賃貸事業用土地についての小規模宅地特例は考慮していません。
・配偶者税額軽減
配偶者税額軽減を適用する前の相続税を試算しています。

[メニュー]

第3編 ケーススタディ

図42 相続税（増税前・配偶者無）概算結果の画面

相続税(増税前)子供

（単位：人数）

相続人の数	
配偶者	0
子供	2

（単位：人数）

相続人の数	実子	養子
子供	2	0

（単位：千円）

課税価格		小規模宅地適用有	小規模宅地適用無
相続財産		249,300	249,300
小規模宅地等評価減		85,760	
死亡保険金非課税枠		10,000	10,000
課税価格	(A)	153,540	239,300
基礎控除	(B)	70,000	70,000
差引	(A)-(B)	83,540	169,300
課税価格　配偶者		0	0
課税価格　子供		41,770	84,650
相続税　配偶者		0	0
相続税　子供		6,354	18,395
相続税合計		**12,708**	**36,790**

（留意事項）
・小規模宅地特例
小規模宅地特例は、自宅土地について適用できるケースと、適用できないケースのみ、試算しています。
不動産賃貸事業用土地についての小規模宅地特例は考慮していません。
・配偶者税額軽減
配偶者税額軽減を適用する前の相続税を試算しています。

メニュー

図43 相続税（増税後・配偶者無）概算結果の画面

相続税(増税後)子供

（単位：人数）

相続人の数	
配偶者	0
子供	2

（単位：人数）

相続人の数	実子	養子
子供	2	0

（単位：千円）

課税価格		小規模宅地適用有	小規模宅地適用無
相続財産		249,300	249,300
小規模宅地等評価減		85,760	
死亡保険金非課税枠		0	0
課税価格	(A)	163,540	249,300
基礎控除	(B)	42,000	42,000
差引	(A)-(B)	121,540	207,300
課税価格　配偶者		0	0
課税価格　子供		60,770	103,650
相続税　配偶者		0	0
相続税　子供		11,231	24,460
相続税合計		**22,462**	**48,920**

（留意事項）
・小規模宅地特例
小規模宅地特例は、自宅土地について適用できるケースと、適用できないケースのみ、試算しています。
不動産賃貸事業用土地についての小規模宅地特例は考慮していません。
・配偶者税額軽減
配偶者税額軽減を適用する前の相続税を試算しています。

メニュー

税されていたにすぎませんので、相続税の減少幅が小さくなっています。

（対策5）贈与（住宅資金）

両親が子供へ住宅資金を贈与し、子供がその資金で住宅を取得するなど一定の条件を満たしている場合、1,000万円（エコ住宅は1,500万円）までは贈与税、相続税がかかりません。これは、平成24年中の贈与に限ります。平成25年、平成26年の贈与については非課税となる金額は減少していきます。これらをまとめると次の通りです。

（平成24年贈与）
エコ住宅　1,500万円
その他住宅　1,000万円

（平成25年贈与）
エコ住宅　1,200万円
その他住宅　700万円

（平成26年贈与）
エコ住宅　1,000万円
その他住宅　500万円

このケースで、相続太郎さんが子供へ住宅資金として1,500万円贈与し、子供がその資金でエコ住宅を取得するなど条件を満たせば、贈与税がかからず、1,500万円の資金を子供へ移転できます。この特例を適用する場合の主な条件については、次の通りです。詳しくは国税庁ホームページで確認してください。
(http://www.nta.go.jp/taxanswer/zoyo/zouyo.htm)

① **受贈者の要件**
・贈与する人の直系卑属（子供、孫）であること
・贈与する年の1月1日において20歳以上であること
・贈与する年の合計所得金額が2,000万円以下であること

② **建物の要件（新築の場合）**
・床面積が50㎡以上240㎡以下であること
・贈与を行った年の翌年3月15日までに新築し、居住開始すること

この贈与を行った場合の相続税については、エクセルシートの預金部分を修正（1,500万円減少）すれば計算できます。なお、不動産の贈与でなく、預金の贈与であるため、贈与自体には不動産取得税、登録免許税はかかりません（贈与を受けた預金で土地建物を購入するときに、その購入について不動産取得税、登記について登録免許税はかかります）。

また、子供が住宅を取得する際に、両親が資金援助する場合に本特例を適用すると、相続税の節税になります。

建築する際にも本特例は活用できます。贈与税の非課税枠（平成24年贈与、エコ住宅1,500万円、その他住宅1,000万円）までは子供へ現金贈与して、二世帯住宅の建物名義をその分だけ持分で取得し、残りの持分は父親が資金を出して取得します。具体的には、5,000万円の建築費で二世帯住宅を建築する場合、エコ住宅であれば1,500万円（平成24年贈与）を子供へ贈与し、5,000万円のうち1,500万円を子供が出し、残額は父親が出します。二世帯住宅の

第3編 ケーススタディ

図44 その他財産の入力画面

その他財産

(単位：千円)

財産種類	相続税評価額
財産	
預貯金・現金	15,000
株式	
債券	
死亡保険金	
贈与財産（相続時精算課税）	
贈与財産（暦年課税相続前）	
債務	
住宅ローン	0
アパートローン	10,000
その他借入金	0
	39,000

> 預金15,000千円贈与するため、15,000千円に減少します。

メニュー

建物は、父親は持分50分の35を所有し、子供は持分50分の15を所有することになります。父親が5,000万円全額出す形よりも、1,500万円子供に非課税で贈与し、父親が5,000万円贈与した後に、子供の持分を入れるようにしたほうが、相続税の節税ができます。

本ケースで、子供へ住宅資金1,500万円贈与した場合、相続税は次の通りです。

相続税概算額のまとめ

相続花子さんが存命のケース (単位：千円)

小規模宅地特例適用有	対策前	対策後	小規模宅地特例適用無	対策前	対策後
増税前	9,695	7,131	増税前	32,575	28,825
増税後	17,772	14,420	増税後	44,705	39,455

相続花子さんが先に他界のケース (単位：千円)

小規模宅地特例適用有	対策前	対策後	小規模宅地特例適用無	対策前	対策後
増税前	13,508	10,508	増税前	42,790	38,290
増税後	23,662	19,162	増税後	56,920	50,920

図45 相続税(増税前・配偶者有)概算結果の画面

相続税(増税前)子供

(単位:人数)

相続人の数	
配偶者	1
子供	2

(単位:人数)

相続人の数	実子	養子
子供	2	0

(単位:千円)

課税価格		小規模宅地適用有	小規模宅地適用無
相続財産		254,300	254,300
小規模宅地等評価減		101,760	
死亡保険金非課税枠		15,000	15,000
課税価格	(A)	137,540	239,300
基礎控除	(B)	80,000	80,000
差引	(A)-(B)	57,540	159,300
課税価格 配偶者		28,770	79,650
課税価格 子供		14,385	39,825
相続税 配偶者		3,816	16,895
相続税 子供		1,658	5,965
相続税合計		7,131	28,825

(留意事項)
・小規模宅地特例
小規模宅地特例は、自宅土地について適用できるケースと、適用できないケースのみ、試算しています。
不動産賃貸事業用土地についての小規模宅地特例は考慮していません。
・配偶者税額軽減
配偶者税額軽減を適用する前の相続税を試算しています。

図46 相続税(増税後・配偶者有)概算結果の画面

相続税(増税後)子供

(単位:人数)

相続人の数	
配偶者	1
子供	2

(単位:人数)

相続人の数	実子	養子
子供	2	0

(単位:千円)

課税価格		小規模宅地適用有	小規模宅地適用無
相続財産		254,300	254,300
小規模宅地等評価減		101,760	
死亡保険金非課税枠		5,000	5,000
課税価格	(A)	147,540	249,300
基礎控除	(B)	48,000	48,000
差引	(A)-(B)	99,540	201,300
課税価格 配偶者		49,770	100,650
課税価格 子供		24,885	50,325
相続税 配偶者		7,954	23,260
相続税 子供		3,233	8,098
相続税合計		14,420	39,455

(留意事項)
・小規模宅地特例
小規模宅地特例は、自宅土地について適用できるケースと、適用できないケースのみ、試算しています。
不動産賃貸事業用土地についての小規模宅地特例は考慮していません。
・配偶者税額軽減
配偶者税額軽減を適用する前の相続税を試算しています。

第3編　ケーススタディ

図47 相続税（増税前・配偶者無）概算結果の画面

相続税(増税前)子供

（単位：人数）

相続人の数	
配偶者	0
子供	2

（単位：人数）

相続人の数	実子	養子
子供	2	0

（単位：千円）

課税価格	小規模宅地適用有	小規模宅地適用無
相続財産	254,300	254,300
小規模宅地等評価減	101,760	
死亡保険金非課税枠	10,000	10,000
課税価格　　　　(A)	142,540	244,300
基礎控除　　　　(B)	70,000	70,000
差引　　　　(A)-(B)	72,540	174,300
課税価格　配偶者	0	0
課税価格　子供	36,270	87,150
相続税　配偶者	0	0
相続税　子供	5,254	19,145
相続税合計	**10,508**	**38,290**

（留意事項）
・小規模宅地特例
小規模宅地特例は、自宅土地について適用できるケースと、適用できないケースのみ、試算しています。
不動産賃貸事業用土地についての小規模宅地特例は考慮していません。
・配偶者税額軽減
配偶者税額軽減を適用する前の相続税を試算しています。

[メニュー]

図48 相続税（増税後・配偶者無）概算結果の画面

相続税(増税後)子供

（単位：人数）

相続人の数	
配偶者	0
子供	2

（単位：人数）

相続人の数	実子	養子
子供	2	0

（単位：千円）

課税価格	小規模宅地適用有	小規模宅地適用無
相続財産	254,300	254,300
小規模宅地等評価減	101,760	
死亡保険金非課税枠	0	0
課税価格　　　　(A)	152,540	254,300
基礎控除　　　　(B)	42,000	42,000
差引　　　　(A)-(B)	110,540	212,300
課税価格　配偶者	0	0
課税価格　子供	55,270	106,150
相続税　配偶者	0	0
相続税　子供	9,581	25,460
相続税合計	**19,162**	**50,920**

（留意事項）
・小規模宅地特例
小規模宅地特例は、自宅土地について適用できるケースと、適用できないケースのみ、試算しています。
不動産賃貸事業用土地についての小規模宅地特例は考慮していません。
・配偶者税額軽減
配偶者税額軽減を適用する前の相続税を試算しています。

[メニュー]

図49 相続人の数の入力画面

相続税(増税前)子供

(単位:人数)

相続人の数	
配偶者	1
子供	3

(単位:人数)

相続人の数	実子	養子
子供	2	1

養子の数を1人とします。

(単位:千円)

課税価格	小規模宅地適用有
相続財産	269,300
小規模宅地等評価減	101,760
死亡保険金非課税枠	20,000
課税価格　　　　(A)	147,540
基礎控除　　　　(B)	90,000
差引　　　　(A)-(B)	57,540
課税価格　配偶者	28,770
課税価格　子供	9,590
相続税　配偶者	3,816
相続税　子供	959
相続税合計	6,693

(単位:千円)

	小規模宅地適用無
	269,300
	101,760
	20,000
	249,300
	90,000
	159,300
	79,650
	26,550
	16,895
	3,483
	27,343

(留意事項)
・小規模宅地特例
小規模宅地特例は、自宅土地について適用できるケースと、適用できないケースのみ、試算しています。
不動産賃貸事業用土地についての小規模宅地特例は考慮していません。
・配偶者税額軽減
配偶者税額軽減を適用する前の相続税を試算しています。

(対策6) 養子

養子縁組をして、法定相続人の数を増やせば、基礎控除が増加するなどにより、相続税の節税となります。法律上、養子の数に制限はありませんが、相続税の計算上は、次のように上限が設けられています。

(実子なしの場合)
養子の数　上限2人

(実子ありの場合)
養子の数　上限1人

逆に言えば、常に養子1人までは相続税の節税になるということです。ただし、孫を養子にした場合、その養子である孫が相続した財産については、相続税の2割分が加算されて税金が計算されることになっていますので注意が必要です。

本ケースで相続太郎さんの子供である相続一朗さんの配偶者を養子にした場合の相続税は、エクセルシートの養子部分を修正(1を選択)すれば計算できます。

第3編 ケーススタディ

> 図50 相続税（増税前・配偶者有）概算結果の画面

相続税(増税前)子供

		(単位：人数)
相続人の数		
配偶者		1
子供		3

	実子	養子
相続人の数		(単位：人数)
子供	2	1

課税価格	小規模宅地適用有 (単位：千円)	小規模宅地適用無 (単位：千円)
相続財産	269,300	269,300
小規模宅地等評価減	101,760	
死亡保険金非課税枠	20,000	20,000
課税価格　　　　(A)	147,540	249,300
基礎控除　　　　(B)	90,000	90,000
差引　　　　(A)-(B)	57,540	159,300
課税価格　配偶者	28,770	79,650
課税価格　子供	9,590	26,550
相続税　配偶者	3,816	16,895
相続税　子供	959	3,483
相続税合計	**6,693**	**27,343**

(留意事項)
・小規模宅地特例
小規模宅地特例は、自宅土地について適用できるケースと、適用できないケースのみ、試算しています。
不動産賃貸事業用土地についての小規模宅地特例は考慮していません。
・配偶者税額軽減
配偶者税額軽減を適用する前の相続税を試算しています。

［メニュー］

本ケースで、1人養子（子供配偶者）にした場合、相続税は次の通りです。

相続税概算額のまとめ

相続花子さんが存命のケース (単位：千円)

	小規模宅地特例適用有		小規模宅地特例適用無	
	対策前	対策後	対策前	対策後
増税前	9,695	6,693	32,575	27,343
増税後	17,772	15,922	44,705	40,090

相続花子さんが先に他界のケース (単位：千円)

	小規模宅地特例適用有		小規模宅地特例適用無	
	対策前	対策後	対策前	対策後
増税前	13,508	9,381	42,790	31,290
増税後	23,662	17,908	56,920	45,390

養子縁組を行うには、養親（このケースでは相続太郎さん）と養子（このケースでは相続一朗さんの配偶者）とが養子縁組を行うことを同意し、養親の本籍地または住所地の市区町村へ養子縁組届を提出すれば完了です。その際、養親、養子の戸籍などが必要となりますが、詳しくは養親の本籍地・住所地の市区町村で確認してください。なお、養子が未成年の場合には家庭裁判所の許可がいるケースもありますので注意してください。

図51 相続税（増税後・配偶者有）概算結果の画面

相続税(増税後)子供

相続人の数	(単位:人数)
配偶者	1
子供	3

相続人の数	実子	養子
子供	2	1
(単位:人数)

課税価格	小規模宅地適用有 (単位:千円)	小規模宅地適用無 (単位:千円)
相続財産	269,300	269,300
小規模宅地等評価減	101,760	
死亡保険金非課税枠	5,000	5,000
課税価格　　　　(A)	162,540	264,300
基礎控除　　　　(B)	54,000	54,000
差引　　　(A)-(B)	108,540	210,300
課税価格　配偶者	54,270	105,150
課税価格　子供	18,090	35,050
相続税　配偶者	9,281	25,060
相続税　子供	2,214	5,010
相続税合計	15,922	40,090

（留意事項）
・小規模宅地特例
小規模宅地特例は、自宅土地について適用できるケースと、適用できないケースのみ、試算しています。
不動産賃貸事業用土地についての小規模宅地特例は考慮していません。
・配偶者税額軽減
配偶者税額軽減を適用する前の相続税を試算しています。

メニュー

図52 相続税（増税前・配偶者無）概算結果の画面

相続税(増税前)子供

相続人の数	(単位:人数)
配偶者	0
子供	3

相続人の数	実子	養子
子供	2	1
(単位:人数)

課税価格	小規模宅地適用有 (単位:千円)	小規模宅地適用無 (単位:千円)
相続財産	269,300	269,300
小規模宅地等評価減	101,760	
死亡保険金非課税枠	15,000	15,000
課税価格　　　　(A)	152,540	254,300
基礎控除　　　　(B)	80,000	80,000
差引　　　(A)-(B)	72,540	174,300
課税価格　配偶者	0	0
課税価格　子供	24,180	58,100
相続税　配偶者	0	0
相続税　子供	3,127	10,430
相続税合計	9,381	31,290

（留意事項）
・小規模宅地特例
小規模宅地特例は、自宅土地について適用できるケースと、適用できないケースのみ、試算しています。
不動産賃貸事業用土地についての小規模宅地特例は考慮していません。
・配偶者税額軽減
配偶者税額軽減を適用する前の相続税を試算しています。

メニュー

第3編 ケーススタディ

図53 相続税（増税後・配偶者無）概算結果の画面

相続税（増税後）子供

	(単位：人数)
相続人の数	
配偶者	0
子供	3

	(単位：人数)	
相続人の数	実子	養子
子供	2	1

課税価格	(単位：千円) 小規模宅地適用有	(単位：千円) 小規模宅地適用無
相続財産	269,300	269,300
小規模宅地等評価減	101,760	
死亡保険金非課税枠	0	0
課税価格　　　　(A)	167,540	269,300
基礎控除　　　　(B)	48,000	48,000
差引　　　　(A)-(B)	119,540	221,300
課税価格　配偶者	0	0
課税価格　子供	39,847	73,767
相続税　配偶者	0	0
相続税　子供	5,969	15,130
相続税合計	17,908	45,390

（留意事項）
・小規模宅地特例
　小規模宅地特例は、自宅土地について適用できるケースと、適用できないケースのみ、試算しています。
　不動産賃貸事業用土地についての小規模宅地特例は考慮していません。
・配偶者税額軽減
　配偶者税額軽減を適用する前の相続税を試算しています。

なお、養子縁組を行うと戸籍に記載がされるという点、および養子は法定相続人ですので法定相続人の権利がある人が増える結果となる点、は十分に理解した上で行う必要があります。

養子縁組をした後に、養親・養子関係を解消することも可能ですが（離縁といいます）、その場合、養親、養子がともに離縁することを合意し、届出をする必要があります。したがって、養親だけの意思だけでは養子縁組を解消できないので、養子縁組する際は、その点も踏まえて行う必要があります。

（対策7）死亡退職金

他界したときに会社に勤務していれば会社から死亡退職金が支払われることがあるでしょう。この死亡退職金については、500万円×法定相続人の数（養子については一定の制限あり）までは、相続税が課税されません。相続太郎さんのケースでは法定相続人は、配偶者、子供2人ですから、1,500万円（＝500万円×3）までは死亡退職金は相続税がかかりません。

他界したときに会社に勤務していなくとも、小規模企業共済に加入しており、共済金を受け取った場合、その共済金は死亡退職金として扱われます。したがって、他界したときに会社勤務していなくても小規模企業共済に加入していれば、支払われる共済金を死亡退職金として相続税節税に活用できることになります。

ただし、小規模企業共済に全ての人が加入できるわけではありません。小規模の個人事業主または会社役員に加入資格が限定されています。不動産賃貸事業を個人事業主として行っている場合には、所得税法上の事業規模に該当している場合のみ、加入資格があります。ここで

事業規模とは、形式的には5棟10室基準というものがあり、一戸建の貸家であれば5棟、賃貸アパート・マンションであれば10室以上所有し賃貸していれば事業規模と判断されます。つまり、一定の規模以上であれば事業規模と判断されます（事業規模に満たない場合には、業務規模と呼ばれます）。

本ケースで、相続太郎さんの所有する世田谷の賃貸アパートが10室以上であれば事業規模に該当し、相続太郎さんは小規模企業共済に加入できます。なお、月額掛金は最大7万円にすることができます。他界時に支払われる共済金は、支払った掛金に利息が付いて戻ってくるとイメージしておけばよいかと思います。死亡退職金として相続税が1,500万円まで非課税であれば、その金額まで掛金を支払うと、預金が死亡退職金に変わり、その金額が相続税の対象からはずれる結果となり、節税となります。詳細は小規模企業共済のホームページを参照してください。(http://www.smrj.go.jp/skyosai/index.htm)

小規模企業共済は、金融機関・青色申告会などで加入の受付を行っていますので、実際に加入を検討するときには、金融機関・青色申告会などで相談してみてください。

他界時1,500万円受け取った場合の相続税については、エクセルシートの預金部分を修正すれば計算できます。

（対策8）贈与（110万円）

一年間に110万円までの贈与であれば、贈与税はかかりません（暦年課税の場合）。したがって、子供に毎年110万円贈与していけば、贈与税がかからず、財産を移転できます。また、贈与することで両親の財産が減りますので、その分に対応する相続税が少なくなります。

ただし、相続開始前3年内に贈与した財産については、暦年課税であっても、相続税の対象になってしまいます。完全に、相続税の対象からはずしたいのであれば、孫や子供の配偶者など、相続人でない人（厳密には、相続・遺贈で財産を取得しない人）に贈与すれば、相続開始前3年内の贈与であっても相続税の対象からはずすことができます。

（対策9）墓地仏具

他界する前に墓地仏具を購入した場合、墓地仏具は相続税の対象ではありませんので、その購入資金分だけ、相続税の対象となる財産が減ることになります。具体的には、相続太郎さんが200万円の墓地を生前に購入した場合、現金200万円が墓地200万円にかわります。墓地は相続税がかかりませんので、相続税の観点からは、相続太郎さんの現金200万円が墓地0円になった、ということになり、200万円に対応する相続税が減る結果となります。

第3編 ケーススタディ

ケース②

マンション自宅

■ 相続次郎さんの相続人
　配偶者：相続 月子さん
　子　供：相続 創さん

- 固定資産税通知書・課税明細書（新宿都税事務所）
- 登記簿謄本（建物）
- 路線価図（新宿区の土地に関するもの）
- 預金残高合計：3,000万円
- 株式残高：200万円（時価）
- 債券残高：200万円（時価）
- 死亡保険金：3,000万円
- 土地用途：新宿区のマンションは自宅。
- 居住状況：夫婦で新宿区自宅に居住。子供は非同居。
- 基準日　平成23年12月31日

第3編　ケーススタディ

図1　固定資産税通知書（新宿都税事務所）

平成23年度

固定資産税
都市計画税　納税通知書
　　（土地・家屋）

東京都
　　新宿都税事務所長

次の税額を納付してください。

納税通知書番号	CD

納人　住所・氏名（名称）

〒162-0827
東京都新宿区若宮町***

相続　太郎　様

摘要

	課税標準額			税額（円）	合計税額（円）
	土地（円）	家屋（円）	合計（円）		
固定資産税					
都市計画税					

	第1期分（円）	第2期分（円）	第3期分（円）	第4期分（円）	領収証印	領収日付印
期別税額						
納期限						

税率	固定資産税	都市計画税

納付番号

お問い合わせ先

図2　固定資産税課税明細書

平成23年度固定資産税・都市計画税課税明細書
本年度課税された、1月1日現在あなたが所有している固定資産（土地・家屋）の明細をお知らせします。

土地の所在	登記地目 / 現状地目 / 非課税地目	登記地積 / 現況地積 / 非課税地積 ㎡	価格 円 / 固定本則課税標準額 / 都計本則課税標準額	固定前年度課税等 円 / 固定課税標準額 / 固定資産税(相当)額	都計前年度課税等 円 / 都計課税標準額 / 都計課税(相当)額	小規模地積 ㎡ / 一般住宅地積 / 非住宅地積
新宿区若宮町***	宅地	1,000.00	477,000,000			
	宅地	1,000.00	79,500,000	2,650,000	5,300,000	
			159,000,000	37,100	21,200	

家屋の所在	区分家屋物件番号	家屋番号	種類・用途 / 建築年次	構造 / 屋根	地上 / 地下	登記床面積 ㎡ / 現況床面積
新宿区若宮町**	***	**-**	居宅 他 / 平成10年	鉄筋・鉄骨 / 陸屋根	1 / 0	100.00 / 100.00

新宿都税事務所

負担水準(%)	固定小規模課標 円 / 固定一般住宅課標 / 固定非住宅課標	都計小規模課標 円 / 都計一般住宅課標 / 都計非住宅課標	小規模軽減額(都) 円 / 減額税額(固・都) / 減免税額(固・都)	摘要
固定 / 都計				共用土地

価格 円	固定課税標準額 円 / 都計課税標準額	固定資産税(相当)額 円 / 都市計画税(相当)額	減額税額(固) 円 / 減税額(固・都)	摘要
	20,000,000	280,000		
600,000,000	20,000,000	60,000		

153

図3 登記簿

専有部分の家屋番号	**-** ～ **-**			
表題部(一棟の建物の表示)		調整		所在図番号
所在	新宿区若宮町**			
建物の名称				
①構造	②床面積 ㎡			原因及びその日付
鉄筋コンクリート・鉄骨造 陸屋根3階建	1階 1000:00 2階 1000:00 3階 1000:00			

表題部(敷地権の目的である土地の表示)					
①土地の符号	②所在及び地番	③地目	④地積 ㎡		登記の日付
1	新宿区若宮町**	宅地	1000:00		

表題部(専有部分の建物の表示)				
家屋番号				
建物の名称				
①種類	②構造	③床面積		原因及びその日付
居宅	鉄筋コンクリート造1階建	1階部分 100:00		

表題部(敷地権の表示)			
①土地の符号	②敷地権の種類	③敷地権の割合	原因及びその日付
1	所有権	30分の1	
所有者			

権利部(甲区)(所有権に関する事項)			
順位番号	登記の目的	受付年月日・受付日付	権利者その他の事項
1	所有権保存		原因 平成10年1月1日 売買 所有者 新宿区若宮町** 相続太郎

相続人は、配偶者、子供1人の合計2名です。相続財産は、土地・建物が新宿区(自宅)にあり、預貯金、株式・債券、生命保険です。これらの資料を基に、データをエクセルファイル「相続税概算試算」へ入力して相続税を試算しましょう。

(土地データの入力)

「相続税概算試算」ファイルを開いて、シート「メニュー」を選択します。シート「メニュー」画面で、「財産の入力」の「土地」の「入力」をクリックします。すると、土地の入力画面に移動しますので、次の手順で入力します。

(手順1) 所在地の入力

土地入力画面の「所在地」欄に、固定資産税課税明細書に記載された「土地の所在」を入力します。一番上の行には、土地の持ち主の自宅を入力します。

新宿区の土地が相続次郎さんの自宅ですので、新宿都税事務所の課税明細書(図2)に記載のある「土地の所在」を入力します。

(手順2) 所有権・借地権の選択

土地入力画面の「土地権利」欄で、「所有権」または「借地権」を選択します。土地を持っている場合には所有権を選択し、土地の借地権を持っている場合には借地権を選択します。

このケースでは、土地(敷地権)を持っていますので、借地権ではなく所有権を選択します。

図4 路線価図（新宿区）

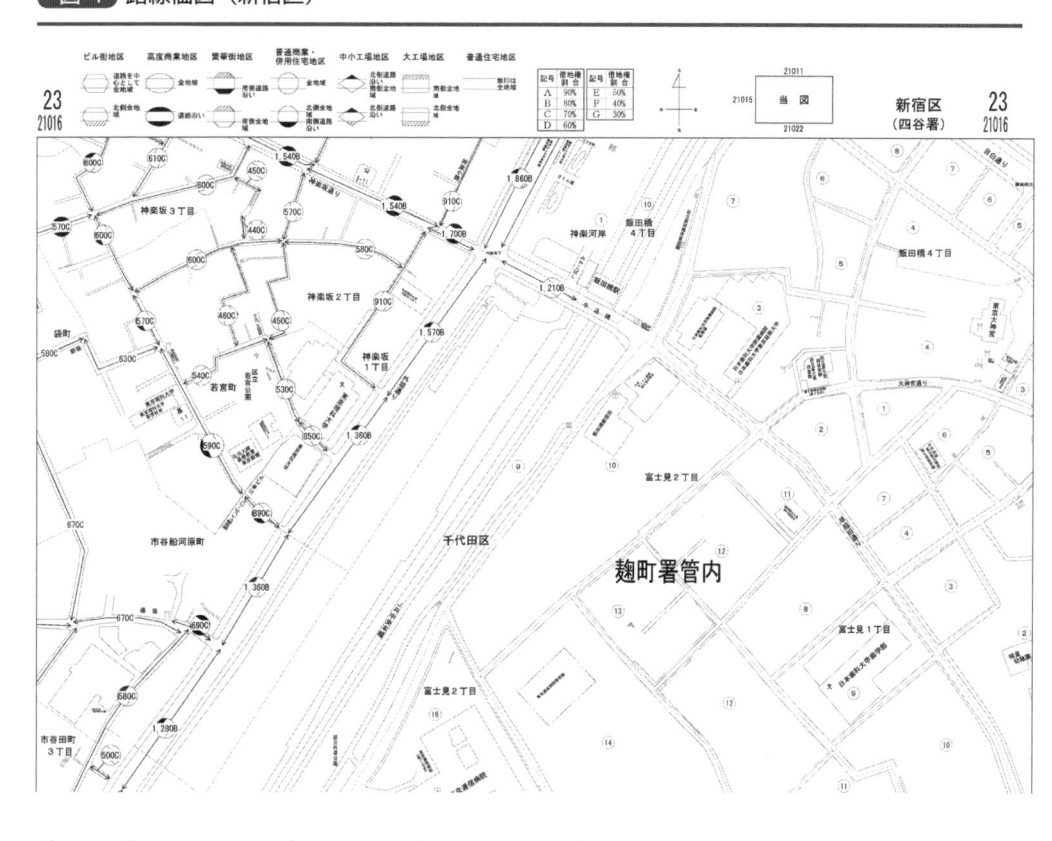

(手順3) 利用用途の選択

土地入力画面の「利用用途」欄で、「自用地」、「貸家建付地」、「貸地」のいずれかを選択します。

このケースでは自宅ですので、「自用地」を選択します。

(手順4) 路線価の入力

土地入力画面の「路線価」欄で、土地の路線価を入力します。

路線価は、基準日の路線価図で、その土地が面している道路の路線価を調べることでわかります。

このケースでは、土地の場所を路線価図（図6）で調べると「530C」と記載がありますので、路線価530千円であることがわかります。530を路線価欄に入力します。

(手順5) 借地権割合の入力

土地入力画面の「借地権割合」欄で、借地権割合を選択します。借地権割合は路線価図の、土地の路線価の最後についているアルファベットです。

このケースでは、土地の路線価は「530C」ですので、借地権割合はCとなり、借地権割合Cを選択します。

(手順6) 地積の入力

土地入力画面の「地積」欄で、土地の地積を入力します。地積は面積のことで、課税明細書に記載された現況地積を入力します。

このケースでは、新宿都税事務所の課税明細書（図7）には、現況地積1,000㎡と記載がありますので、1,000を入力します。

図5 土地の入力画面

土地建物

所在地		土地権利	利用用途	路線価	借地権割合	地積(㎡)	土地評価	持分率(%)	土地/借地権相続税評価額
	自宅						0		0
							0		0
							0		0
							0		0
							0		0
							0		0
							0		0
							0		0
							0		0
							0		0
									0

手順1：所在地
手順2：土地権利
手順3：利用用途
手順4：路線価
手順5：借地権割合
手順6：地積
手順7：持分率

(単位:千円)

建物		
建物評価	持分率(%)	建物評価
		0
		0
		0
		0
		0
		0
		0
		0
		0
		0
=		0

メニュー

図6 路線価図（新宿区）

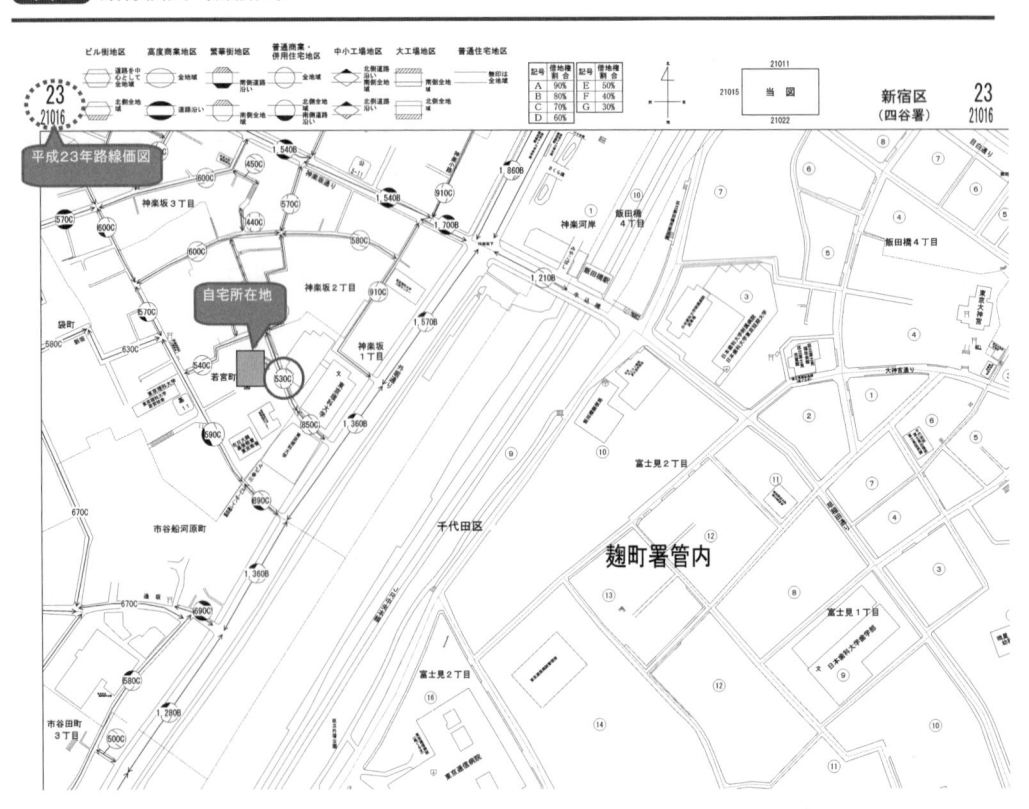

平成23年路線価図

自宅所在地

麹町署管内

新宿区（四谷署）

156

第3編 ケーススタディ

図7 固定資産税課税明細書

平成23年度固定資産税・都市計画税課税明細書
本年度課税された、1月1日現在あなたが所有している固定資産（土地・家屋）の明細をお知らせします。

土地の所在	登記地目／現況地目／非課税地目	登記地積 ㎡／現況地積 ㎡／非課税地積 ㎡	価格 円／固定本則課税標準額 円／都市本則課税標準額 円	固定前年度課標等 円／固定課税標準額 円／固定資産税(相当)額 円	都計前年度課標等 円／都計課税標準額 円／都市計画税(相当)額 円	小規模地積 ㎡／一般住宅地積 ㎡／非住宅地積 ㎡	負担水準(%) 固定／都計
新宿区若宮町***	宅地	1,000.00	477,000,000				
	宅地	1,000.00	79,500,000	2,650,000	5,300,000		
			159,000,000	37,100	21,200		

家屋の所在	区分家屋物件番号	家屋番号	種類・用途／建築年次	構造／屋根	地上／地下	登記床面積 ㎡／現況床面積 ㎡	価格 円
新宿区若宮町**			居宅 他	鉄筋・鉄骨	1	100.00	
	***	**-**	平成10年	陸屋根	0	100.00	600,000,000

新宿都税事務所

固定小規模課標 円／固定一般住宅課標 円／固定非住宅課標 円	都計小規模課標 円／都計一般住宅課標 円／都計非住宅課標 円	小規模軽減額(都) 円／減額税額(固・都) 円／減免税額(固・都) 円	摘要
			共用土地

固定課税標準額 円／都計課税標準額 円	固定資産税(相当)額 円／都市計画税(相当)額 円	減額税額(固) 円／減免税額(固・都) 円	摘要
20,000,000	280,000		
20,000,000	60,000		

図8 登記簿

専有部分の家屋番号	**-** ～ **-**				
表題部(一棟の建物の表示)		調整		所在図番号	
所在	新宿区若宮町**				
建物の名称					
①構造	②床面積 ㎡			原因及びその日付	
鉄筋コンクリート・鉄骨造	1階 1000:00				
陸屋根3階建	2階 1000:00				
	3階 1000:00				
表題部(敷地権の目的である土地の表示)					
①土地の符号	②所在及び地番	③地目	④地積 ㎡	登記の日付	
1	新宿区若宮町**	宅地	1000:00		

表題部(専有部分の建物の表示)					
家屋番号					
建物の名称					
①種類	②構造	③床面積		原因及びその日付	
居宅	鉄筋コンクリート造1階建	1階部分 100:00			
表題部(敷地権の表示)					
①土地の符号	②敷地権の種類	③敷地権の割合		原因及びその日付	
1	所有権	30分の1			
所有者					

権利部(甲区)(所有権に関する事項)				
順位番号	登記の目的	受付年月日・受付日付	権利者その他の事項	
1	所有権保存		原因 平成10年1月1日 売買	
			所有者 新宿区若宮町**	
			相続太郎	

図9 建物の入力画面

土地建物

所在地		土地/借地権							
		土地権利	利用用途	路線価	借地権割合	地積(㎡)	土地評価	持分率(%)	土地/借地権相続税評価額
新宿区若宮町***	自宅	所有権	自用地	530	C(70%)	1,000.00	530,000	3.33%	17,649
							0		0
							0		0
							0		0
							0		0
							0		0
							0		0
							0		0
							0		0
									17,649

(単位:千円)

建物		
建物評価	持分率(%)	建物評価
20,000	100.00%	20,000
0		0
0		0
0		0
0		0
0		0
0		0
0		0
0		0
		20,000

手順1　手順2

[メニュー]

(手順7) 持分率の入力

土地入力画面の「持分」欄で、土地の持分を入力します。単独所有であれば100%と入力します。共有の場合には、持分を%表示で入力します。共有の持分は分数で表示されていますので、それを%表示へ換算した上で入力します。なお、区分所有マンションの場合には登記簿謄本（家屋）に「表題部（敷地権の表示）」に、「敷地権の割合」の記載がありますので、その割合を%表示で入力します。ここで区分所有マンションというのは、分譲マンションのように部屋ごとに持ち主が異なるタイプのマンションをいいます。

このケースでは、相続次郎さんの単独所有のマンションで、登記簿謄本（家屋）の「敷地権の割合」に「30分の1」とあります（図8）ので3.33%（＝1÷30）と入力します。

以上で、新宿区の自宅マンションの土地の入力は完了です。

(建物データの入力)

「相続税概算試算」ファイルを開いて、シート「メニュー」を選択します。シート「メニュー」画面で、「財産の入力」の「建物」の「入力」をクリックします。すると、建物の入力画面に移動しますので、次の手順に従ってデータを入力していきます。

(手順1) 建物評価の入力

土地・借地権のデータが既に左側に入力されているはずですので、その土地の上に建っている建物を、その土地に対応する箇所に入力します。建物評価は固定資産税評価額ですので、課税明細書の「価格」

158

第3編　ケーススタディ

図10　固定資産税課税明細書

土地の所在	登記地目 現状地目	登記地積 ㎡ 非課税地積 ㎡	価格 円 都計本則課税標準額 円	固定前年度課標等 円 固定資産税（相当）額 円	都計前年度課標等 円 都市計画税（相当）額 円	小規模地積 ㎡ 一般住宅地積 ㎡ 非住宅地積 ㎡	負担水準(%) 固定 都計
新宿区若宮町***	宅地	1,000.00	477,000,000				
	宅地	1,000.00	79,500,000	2,650,000	5,300,000		
			159,000,000	37,100	21,200		

家屋の所在	区分家屋 物件番号	家屋番号	種類・用途 建築年次	構造 屋根	地上 地下	登記床面積 ㎡ 現況床面積 ㎡	価格 円
新宿区若宮町**	***	**-**	居宅 他 平成10年	鉄筋・鉄骨 陸屋根	1 0	100.00 100.00	600,000,000

新宿都税事務所

固定小規模課標 円 固定一般住宅課標 円 固定非住宅課標 円	都計小規模課標 円 都計一般住宅課標 円 都計非住宅課標 円	小規模軽減額(都) 円 減額税額(固・都) 減免税額(固・都)	摘要
			共用土地

固定課税標準額 円 都計課税標準額 円	固定資産税（相当）額 円 都市計画税（相当）額 円	減額税額(固) 円 減免税額(固・都)	摘要
20,000,000	280,000		
20,000,000	60,000		

に記載された金額を入力します。このケースで新宿区の自宅建物の価格は、600,000,000円です。区分所有マンションの場合には、マンション全体の価格が記載されていますので、建物の固定資産税課税標準額を「建物評価」に入力します。このケースでは建物固定資産税課税標準額は20,000,000円です（図10）ので、20,000千円と入力します。

（手順2）　持分率の入力

建物の持分を％表示に換算した上で、「持分率」に入力します。単独所有であれば100％と入力します。

このケースでは、相続次郎さんの単独所有ですので100％と入力します。

これで新宿区の自宅建物の入力は完了です。

図11 その他財産の入力画面

その他財産

(単位:千円)

財産種類	相続税評価額
財産	
預貯金・現金	30,000
株式	2,000
債券	2,000
死亡保険金	30,000
贈与財産(相続時精算課税)	0
贈与財産(暦年課税相続前3年内)	0
債務	
住宅ローン	0
アパートローン	0
その他借入金	0
	64,000

メニュー

(その他財産データの入力)

「相続税概算試算」ファイルを開いて、シート「メニュー」を選択します。シート「メニュー」画面で、「財産の入力」の「預貯金・現金」の「入力」をクリックします。すると、預貯金・現金の入力画面に移動します。この預貯金・現金の入力画面で、その金額を入力します。

株式、債券、死亡保険金についても、同様に入力します。なお、死亡保険金の金額は死亡時に受け取る保険金の金額を入力します。

このケースでは、預貯金3,000万円、株式200万円、債券200万円、死亡保険金3,000万円ですので、その金額をそれぞれ入力します。

(相続人データの入力)

「相続税概算試算」ファイルを開いて、シート「メニュー」を選択します。シート「メニュー」画面で、「相続人の数の入力」で、該当するケースの「入力」をクリックすると、入力画面に移動します。移動した画面で、配偶者がいる場合には「配偶者」欄で「1」を選択します。いない場合には「配偶者」欄で「0」を選択します。

子供については、実子が相続人でその人数を選択します。養子がいる場合も、「養子」欄でその人数を選択します。

このケースでは、配偶者と子供が相続人ですので「メニュー」画面で「配偶者と子供のケース」の「入力」をクリックします。

配偶者がおり、子供(実子)が1人のケースですので「配偶者」欄「1」、「実子」欄「1」、「養子」欄「0」を選択します。

(相続税概算試算結果)

「相続税概算試算」ファイルを開いて、シート「メニュー」を選択します。シート「メニュー」画面で、「相続税概算の試算」部分の該当するケースについて「増税前」「増税後」をクリックすると、それぞれのケースの相続税概算が表示されます。

なお、ここでの「増税前」「増税後」の増税というのは、社会保障・税一体改革での相続税増税(基礎控除引下げ、死亡保険金非課税枠圧縮、最高税率アップ)を指しています。

このケースでは、相続人は配偶者と子供1人ですので、「配偶者と子供のケース」の「増税前」「増税後」をクリックすると、社会保障・

図12 相続人の入力画面

相続税(増税前)子供

相続人の数	(単位：人数)
配偶者	1
子供	1

相続人の数	実子	(単位：人数) 養子
子供	1	0

課税価格	(単位：千円) 小規模宅地適用有	(単位：千円) 小規模宅地適用無
相続財産	269,300	269,300
小規模宅地等評価減	101,760	
死亡保険金非課税枠	15,000	15,000
課税価格　　　　　　(A)	152,540	254,300
基礎控除　　　　　　(B)	70,000	70,000
差引　　　　　(A)-(B)	82,540	184,300
課税価格　配偶者	41,270	92,150
課税価格　子供	41,270	92,150
相続税　配偶者	6,254	20,645
相続税　子供	6,254	20,645
相続税合計	12,508	41,290

(留意事項)
・小規模宅地特例
小規模宅地特例は、自宅土地について適用できるケースと、適用できないケースのみ、試算しています。
不動産賃貸事業用土地についての小規模宅地特例は考慮していません。
・配偶者税額軽減
配偶者税額軽減を適用する前の相続税を試算しています。

［メニュー］

図13 相続税（増税前・配偶者有）概算結果の画面

相続税(増税前)子供

相続人の数	(単位：人数)
配偶者	1
子供	1

相続人の数	実子	(単位：人数) 養子
子供	1	0

課税価格	(単位：千円) 小規模宅地適用有	(単位：千円) 小規模宅地適用無
相続財産	101,649	101,649
小規模宅地等評価減	14,119	
死亡保険金非課税枠	10,000	10,000
課税価格　　　　　　(A)	77,530	91,649
基礎控除　　　　　　(B)	70,000	70,000
差引　　　　　(A)-(B)	7,530	21,649
課税価格　配偶者	3,765	10,825
課税価格　子供	3,765	10,825
相続税　配偶者	376	1,124
相続税　子供	376	1,124
相続税合計	753	2,247

(留意事項)
・小規模宅地特例
小規模宅地特例は、自宅土地について適用できるケースと、適用できないケースのみ、試算しています。
不動産賃貸事業用土地についての小規模宅地特例は考慮していません。
・配偶者税額軽減
配偶者税額軽減を適用する前の相続税を試算しています。

［メニュー］

図14 相続税（増税後・配偶者有）概算結果の画面

相続税(増税後)子供

相続人の数	(単位:人数)
配偶者	1
子供	1

相続人の数	実子	養子
子供	1	0

課税価格	(単位:千円) 小規模宅地適用有	小規模宅地適用無
相続財産	101,649	101,649
小規模宅地等評価減	14,119	
死亡保険金非課税枠	5,000	5,000
課税価格 (A)	82,530	96,649
基礎控除 (B)	42,000	42,000
差引 (A)-(B)	40,530	54,649
課税価格 配偶者	20,265	27,325
課税価格 子供	20,265	27,325
相続税 配偶者	2,540	3,599
相続税 子供	2,540	3,599
相続税合計	**5,079**	**7,197**

（留意事項）
・小規模宅地特例
小規模宅地特例は、自宅土地について適用できるケースと、適用できないケースのみ、試算しています。
不動産賃貸事業用土地についての小規模宅地特例は考慮していません。
・配偶者税額軽減
配偶者税額軽減を適用する前の相続税を試算しています。

［メニュー］

図15 相続税（増税前・配偶者無）概算結果の画面

相続税(増税前)子供

相続人の数	(単位:人数)
配偶者	0
子供	1

相続人の数	実子	養子
子供	1	0

課税価格	(単位:千円) 小規模宅地適用有	小規模宅地適用無
相続財産	101,649	101,649
小規模宅地等評価減	14,119	
死亡保険金非課税枠	5,000	5,000
課税価格 (A)	82,530	96,649
基礎控除 (B)	60,000	60,000
差引 (A)-(B)	22,530	36,649
課税価格 配偶者	0	0
課税価格 子供	22,530	36,649
相続税 配偶者	0	0
相続税 子供	2,879	5,330
相続税合計	**2,879**	**5,330**

（留意事項）
・小規模宅地特例
小規模宅地特例は、自宅土地について適用できるケースと、適用できないケースのみ、試算しています。
不動産賃貸事業用土地についての小規模宅地特例は考慮していません。
・配偶者税額軽減
配偶者税額軽減を適用する前の相続税を試算しています。

［メニュー］

第3編 ケーススタディ

図16 相続税（増税後・配偶者無）概算結果の画面

相続税(増税後)子供

相続人の数	（単位：人数）
配偶者	0
子供	1

相続人の数	実子	養子
子供	1	0

（単位：千円）

課税価格	小規模宅地適用有	小規模宅地適用無
相続財産	101,649	101,649
小規模宅地等評価減	14,119	0
死亡保険金非課税枠	0	0
課税価格　　　　　(A)	87,530	101,649
基礎控除　　　　　(B)	36,000	36,000
差引　　　　　(A)-(B)	51,530	65,649
課税価格　配偶者	0	0
課税価格　子供	51,530	65,649
相続税　配偶者	0	0
相続税　子供	8,459	12,695
相続税合計	**8,459**	**12,695**

（留意事項）
・小規模宅地特例
小規模宅地特例は、自宅土地について適用できるケースと、適用できないケースのみ、試算しています。
不動産賃貸事業用土地についての小規模宅地特例は考慮していません。
・配偶者税額軽減
配偶者税額軽減を適用する前の相続税を試算しています。

（相続対策）

相続一体改革での相続税増税が行われる前の相続税概算（「増税前」）と、相続税増税が行われた後の相続税概算（「増税後」）が表示されます。

相続対策は、遺産分割対策、納税資金対策、相続税節税対策の3つからなります。このケースでは、相続財産として、土地建物（新宿区・自宅）、預貯金3,000万円、株式・債券400万円、死亡保険金3,000万円、となっています。

相続税概算をまとめると次のようになります。

相続税概算額のまとめ

続花子さんが存命のケース（単位：千円）

	小規模宅地特例適用有	小規模宅地特例適用無
増税前	753	2,247
増税後	5,079	7,197

相続花子さんが先に他界のケース（単位：千円）

	小規模宅地特例適用有	小規模宅地特例適用無
増税前	2,879	5,330
増税後	8,459	12,695

（遺産分割対策）

このケースでは、子供が1人ですので財産分けで争いになることはありません。したがって、遺産分割対策を検討する必要はありません。

（納税資金対策）

相続税は最大約1,300万円となります。ただし、預貯金3,000万円、株式・債券400万円、死亡保険金3,000万円ありますので、相続税の納税で困ることはあまりないと考えられます。したがって、特に納税資金対策も必要ないと判断されます。

（相続税節税対策）

（対策1）小規模宅地特例

自宅土地について、小規模宅地特例が適用できるか否かで相続税額は大きく異なります。相続次郎さんの相続では、配偶者の相続月子さんが存命か否か、相続税増税前か後か、により異なりますが、自宅土地に小規模宅地特例の適用があるかどうかで、1～4百万円相続税が異なることになります。例えば、相続月子さんが存命のケースで、相続税増税前の場合、相続税は753千円（小規模宅地特例の適用あり）、2,247千円（小規模宅地特例の適用なし）ですので、差額は1,494千円となります。

したがって、自宅土地に小規模宅地特例を適用できるよう、可能な限り対策を行う必要があります。自宅土地に小規模宅地特例を適用

きる場合は、次の3つのいずれかケースです。

① 配偶者
他界した人の自宅土地を、他界した人の配偶者が相続・遺贈で取得する場合

② 子供（同居）
他界した人の自宅土地を、他界した人と生前に同居していた子供が相続・遺贈で取得し、相続税申告期限まで、引き続き所有し、かつ居住している場合

③ 子供（家なき子）
他界した人の自宅土地を、その相続前3年以内に、本人および その本人の配偶者の所有する建物に居住したことがない子供が、相続・遺贈で取得し、相続税申告期限まで、引き続き所有している場合（他界した人に配偶者・同居していた相続人がいない場合に限ります）

《相続月子さんが存命のケース》

相続次郎さんの相続次郎さんの相続で、配偶者である相続月子さんが既に他界しているケースのそれぞれについて検討してみます。

相続月子さんの相続で、自宅土地に小規模宅地特例を適用するため

《相続月子さんが既に他界のケース》

相続次郎さんの相続で、自宅土地に小規模宅地特例を適用するためには、本人およびその本人の配偶者の所有する建物に、相続前3年以内に居住したことがない子供が相続し、相続税の申告期限まで継続して所有する必要があります。このケースでは、配偶者は既に他界しています。また、同居している子供もいません。したがって、③子供（家なき子）の条件に該当していなければ、自宅土地に小規模宅地特例は適用できないことになります。子供が持家を持っており、そこに住んでいる場合には、子供（家なき子）には該当しないため、自宅土地に小規模宅地特例の適用はできない、という結論になります。

このケースでは、子供が同居していないため、自宅土地を、配偶者が相続するか、または子供（家なき子）が相続するか、のいずれかでなければ、自宅土地に小規模宅地特例の適用はできません。ただし、これらの判断は相続が発生した時点で判断されますので、相続のときに両親の自宅に子供が同居しており、その子供が自宅土地を相続し、

には、配偶者である相続月子さんが自宅土地を相続する必要があります。なぜなら、自宅土地を子供が相続する際に小規模宅地特例を適用するには、②子供（同居）、または③子供（家なき子）に該当する必要がありますが、子供は同居していませんし、配偶者が存命していますので子供（家なき子）の条件も満たしていません。したがって、このケースで配偶者である相続月子さんが存命している場合、自宅土地に小規模宅地特例を適用するためには、配偶者である相続月子さんが相続する必要があります。

継続して居住・所有すれば、②子供（同居）の条件に該当し、小規模宅地特例が適用できます。つまり、両親の自宅に子供が同居するようにすれば、自宅土地に小規模宅地特例が適用できる可能性が高まります。

なお、同居する場合でも、その後、両親が民間老人ホームへ入所することになった場合には、小規模宅地特例の適用に影響が生じる可能性がありますので注意が必要です。

自宅土地所有者、このケースでは相続次郎さんの介護の問題などで、相続次郎さんが民間老人ホームへ入所し、そこで他界したケースを考えてみます。その場合、終身利用権の有無などの問題はありますが、民間老人ホームが相続次郎さんの住まいであると判断されるケースが多いでしょう。そうなると、他界した時点では、自宅土地は持ち主である相続次郎さんの住まいではないと判断されることになってしまいます。自宅土地に小規模宅地特例が適用できる前提として、他界した方が住んでいた土地である必要があります。したがって、自宅土地の持ち主が民間老人ホームへ入所して、そこで他界した場合には、小規模宅地特例が適用できなくなる可能性が高くなります。

なお、自宅から病院へ入院し、病院で他界した場合には、住まいは元の自宅にあると税務署は判断しています。

図17 その他財産の入力画面

その他財産

(単位:千円)

財産種類	相続税評価額
財産	
預貯金・現金	20,000
株式	,000
債券	
死亡保険金	
贈与財産（相続時精算課税）	
贈与財産（暦年課税相続前3年〜）	
債務	
住宅ローン	0
アパートローン	0
その他借入金	0
	54,000

＜吹き出し＞リフォーム代10,000千円を減額して、20,000千円にします。

メニュー

（対策2）住宅リフォーム

住宅をリフォームすると相続税の節税になります。例えば、預金1,000万円で建物のリフォームを行った場合、預金1,000万円が、建物1,000万円に変わったことになります。建物の相続税評価額は、固定資産税評価額になりますが、建物内部のリフォームを行っても建物の固定資産税評価額は通常は変わらないことが多いでしょう。つまり、預金1,000万円を使って、建物内部のリフォームを行っても建物の相続税評価額（固定資産税評価額）は変わらないことが多く、建物固定資産税評価額が変わらなければ1,000万円分だけ財産を減らしたことになります。

ただし、相続税節税のためだけに、無駄に建物リフォームを行っても本末転倒です。近い将来に必要な建物リフォームを相続前に（前倒しで）実施する、というように考えるべきです。

相続税がどれくらい減るかは、エクセルシートの預金を修正（このケースでは、1,000万円減らして、2,000万円に）すれば、相続税がどれくらいになるのかがわかります。

なお、大規模なリフォームである場合、建物外部のリフォームである場合には、固定資産税評価額が変わる可能性があります。管轄の都税事務所、市役所に、どのようなリフォームの場合に、建物固定資産税評価額が変わるのか、確認した上で実施したほうがよいでしょう。

第3編 ケーススタディ

図18 相続税（増税前・配偶者有）概算結果の画面

相続税（増税前）子供

（単位：人数）

相続人の数	
配偶者	1
子供	1

（単位：人数）

相続人の数	実子	養子
子供	1	0

（単位：千円）

課税価格	小規模宅地適用有
相続財産	91,649
小規模宅地等評価減	14,119
死亡保険金非課税枠	10,000
課税価格　　　　　(A)	67,530
基礎控除　　　　　(B)	70,000
差引　　　　　(A)-(B)	-2,470
課税価格　配偶者	-1,235
課税価格　子供	-1,235
相続税　配偶者	0
相続税　子供	0
相続税合計	0

（単位：千円）

	小規模宅地適用無
	91,649
	10,000
	81,649
	70,000
	11,649
	5,825
	5,825
	582
	582
	1,165

（留意事項）
・小規模宅地特例
小規模宅地特例は、自宅土地について適用できるケースと、適用できないケースのみ、試算しています。
不動産賃貸事業用土地についての小規模宅地特例は考慮していません。
・配偶者税額軽減
配偶者税額軽減を適用する前の相続税を試算しています。

図19 相続税（増税後・配偶者有）概算結果の画面

相続税（増税後）子供

（単位：人数）

相続人の数	
配偶者	1
子供	1

（単位：人数）

相続人の数	実子	養子
子供	1	0

（単位：千円）

課税価格	小規模宅地適用有
相続財産	91,649
小規模宅地等評価減	14,119
死亡保険金非課税枠	5,000
課税価格　　　　　(A)	72,530
基礎控除　　　　　(B)	42,000
差引　　　　　(A)-(B)	30,530
課税価格　配偶者	15,265
課税価格　子供	15,265
相続税　配偶者	1,790
相続税　子供	1,790
相続税合計	3,579

（単位：千円）

	小規模宅地適用無
	91,649
	5,000
	86,649
	42,000
	44,649
	22,325
	22,325
	2,849
	2,849
	5,697

（留意事項）
・小規模宅地特例
小規模宅地特例は、自宅土地について適用できるケースと、適用できないケースのみ、試算しています。
不動産賃貸事業用土地についての小規模宅地特例は考慮していません。
・配偶者税額軽減
配偶者税額軽減を適用する前の相続税を試算しています。

図20 相続税（増税前・配偶者無）概算結果の画面

相続税(増税前) 子供

（単位：人数）

相続人の数	
配偶者	0
子供	1

（単位：人数）

相続人の数	実子	養子
子供	1	0

（単位：千円）

課税価格		小規模宅地適用有	小規模宅地適用無
相続財産		91,649	91,649
小規模宅地等評価減		14,119	
死亡保険金非課税枠		5,000	5,000
課税価格	(A)	72,530	86,649
基礎控除	(B)	60,000	60,000
差引	(A)-(B)	12,530	26,649
課税価格　配偶者		0	0
課税価格　子供		12,530	26,649
相続税　配偶者		0	0
相続税　子供		1,379	3,497
相続税合計		**1,379**	**3,497**

（留意事項）
・小規模宅地特例
　小規模宅地特例は、自宅土地について適用できるケースと、適用できないケースのみ、試算しています。
　不動産賃貸事業用土地についての小規模宅地特例は考慮していません。
・配偶者税額軽減
　配偶者税額軽減を適用する前の相続税を試算しています。

[メニュー]

相続税概算額のまとめ

本ケースで、建物リフォーム1,000万円（固定資産税評価額変化なし）した場合、相続税は次の通りです。

相続花子さんが存命のケース（単位：千円）

	小規模宅地特例適用有			小規模宅地特例適用無		
	対策前	対策後		対策前	対策後	
増税前	753	0		2,247	1,165	
増税後	5,079	3,579		7,197	5,697	

相続花子さんが先に他界のケース（単位：千円）

	小規模宅地特例適用有			小規模宅地特例適用無		
	対策前	対策後		対策前	対策後	
増税前	2,879	1,379		5,330	3,497	
増税後	8,459	6,309		12,695	9,695	

（対策3）贈与（配偶者）

婚姻期間が20年以上である夫婦間で、居住用土地建物の贈与があった場合、2,000万円までは贈与税、相続税はかかりません。したがって、相続次郎さんの相続発生前に、2,000万円分の新宿区自宅建物を、相続月子さんへ贈与すれば、贈与税がかからずに、2,000万円分の財産が減ります。この特例を適用するためには、次の全ての

第3編　ケーススタディ

図21 相続税（増税後・配偶者無）概算結果の画面

相続税(増税後)子供

(単位：人数)

相続人の数	
配偶者	0
子供	1

(単位：人数)

相続人の数	実子	養子
子供	1	0

(単位：千円)

課税価格	小規模宅地適用有	小規模宅地適用無
相続財産	91,649	91,649
小規模宅地等評価減	14,119	
死亡保険金非課税枠	0	0
課税価格　　　　(A)	77,530	91,649
基礎控除　　　　(B)	36,000	36,000
差引　　　　(A)-(B)	41,530	55,649
課税価格　配偶者	0	0
課税価格　子供	41,530	55,649
相続税　配偶者	0	0
相続税　子供	6,306	9,695
相続税合計	6,306	9,695

(留意事項)
・小規模宅地特例
　小規模宅地特例は、自宅土地について適用できるケースと、適用できないケースのみ、試算しています。
　不動産賃貸事業用土地についての小規模宅地特例は考慮していません。
・配偶者税額軽減
　配偶者税額軽減を適用する前の相続税を試算しています。

メニュー

条件を満たす必要があります。

① 夫婦の婚姻期間が20年を過ぎた後に贈与が行われたこと

② 配偶者から贈与された財産が、自分が住むための居住用不動産であることまたは居住用不動産を取得するための金銭であること

③ 贈与を受けた年の翌年3月15日までに、贈与により取得した国内の居住用不動産または贈与を受けた金銭で取得した国内の居住用不動産に、贈与を受けた者が現実に住んでおり、その後も引き続き住む見込みであること

この贈与を行った場合の相続税については、エクセルシートの建物部分を修正（2,000万円減少）すれば計算できます。

ただし、不動産（土地・建物）の贈与を行った場合には、取得者（このケースでは配偶者である相続花子さん）に不動産取得税と登録免許税がかかりますので、その点は注意が必要です。

(不動産取得税)

・贈与の場合

土地：固定資産税評価額×3%
家屋（住宅）：固定資産税評価額×3%
家屋（非住宅）：固定資産税評価額×4%
なお、土地が宅地等である場合には、固定資産税評価額×50%×3%が不動産取得税となります（平成27年3月31日取得まで）。

図22 建物の入力画面

土地建物

所在地		土地/借地権							土地/借地権相続税評価額
		土地権利	利用用途	路線価	借地権割合	地積(㎡)	土地評価	持分率(%)	
新宿区若宮町***	自宅	所有権	自用地	530	C(70%)	1,000.00	530,000	3.33%	17,649
							0		0
							0		0
							0		0
							0		0
							0		0
							0		0
							0		0
							0		0
							0		0
							0		0
									17,649

(単位：千円)

建物		
建物評価	持分率(%)	建物評価
0	100.00%	0
		0
		0
		0
		0
		0
		0
		0
		0
		0
		0

建物20,000千円贈与しますので、0千円となります。

図23 相続税（増税前・配偶者有）概算結果の画面

相続税(増税前)子供

(単位：人数)

相続人の数	
配偶者	1
子供	1

(単位：人数)

相続人の数	実子	養子
子供	1	0

(単位：千円)

課税価格		小規模宅地適用有	小規模宅地適用無
相続財産		81,649	81,649
小規模宅地等評価減		14,119	
死亡保険金非課税枠		10,000	10,000
課税価格	(A)	57,530	71,649
基礎控除	(B)	70,000	70,000
差引	(A)-(B)	-12,470	1,649
課税価格 配偶者		-6,235	825
課税価格 子供		-6,235	825
相続税 配偶者		0	82
相続税 子供		0	82
相続税合計		0	165

(留意事項)
・小規模宅地特例
小規模宅地特例は、自宅土地について適用できるケースと、適用できないケースのみ、試算しています。
不動産賃貸事業用土地についての小規模宅地特例は考慮していません。
・配偶者税額軽減
配偶者税額軽減を適用する前の相続税を試算しています。

第3編　ケーススタディ

図24　相続税（増税後・配偶者有）概算結果の画面

相続税(増税後)子供

相続人の数	(単位：人数)
配偶者	1
子供	1

相続人の数	実子	養子
子供	1	0

課税価格	(単位：千円) 小規模宅地適用有	(単位：千円) 小規模宅地適用無
相続財産	81,649	81,649
小規模宅地等評価減	14,119	
死亡保険金非課税枠	5,000	5,000
課税価格　　　　　(A)	62,530	76,649
基礎控除　　　　　(B)	42,000	42,000
差引　　　　　(A)-(B)	20,530	34,649
課税価格　配偶者	10,265	17,325
課税価格　子供	10,265	17,325
相続税　配偶者	1,040	2,099
相続税　子供	1,040	2,099
相続税合計	2,079	4,197

（留意事項）
・小規模宅地特例
小規模宅地特例は、自宅土地について適用できるケースと、適用できないケースのみ、試算しています。
不動産賃貸事業用土地についての小規模宅地特例は考慮していません。
・配偶者税額軽減
配偶者税額軽減を適用する前の相続税を試算しています。

図25　相続税（増税前・配偶者無）概算結果の画面

相続税(増税前)子供

相続人の数	(単位：人数)
配偶者	0
子供	1

相続人の数	実子	養子
子供	1	0

課税価格	(単位：千円) 小規模宅地適用有	(単位：千円) 小規模宅地適用無
相続財産	81,649	81,649
小規模宅地等評価減	14,119	
死亡保険金非課税枠	5,000	5,000
課税価格　　　　　(A)	62,530	76,649
基礎控除　　　　　(B)	60,000	60,000
差引　　　　　(A)-(B)	2,530	16,649
課税価格　配偶者	0	0
課税価格　子供	2,530	16,649
相続税　配偶者	0	0
相続税　子供	253	1,997
相続税合計	253	1,997

（留意事項）
・小規模宅地特例
小規模宅地特例は、自宅土地について適用できるケースと、適用できないケースのみ、試算しています。
不動産賃貸事業用土地についての小規模宅地特例は考慮していません。
・配偶者税額軽減
配偶者税額軽減を適用する前の相続税を試算しています。

図26 相続税（増税後・配偶者無）概算結果の画面

相続税(増税後) 子供

（単位：人数）

相続人の数	
配偶者	0
子供	1

（単位：人数）

相続人の数	実子	養子
子供	1	0

（単位：千円）

課税価格		小規模宅地適用有	小規模宅地適用無
相続財産		81,649	81,649
小規模宅地等評価減		14,119	0
死亡保険金非課税枠		0	0
課税価格	(A)	67,530	81,649
基礎控除	(B)	36,000	36,000
差引	(A)-(B)	31,530	45,649
課税価格　配偶者		0	0
課税価格　子供		31,530	45,649
相続税　配偶者		0	0
相続税　子供		4,306	7,130
相続税合計		**4,306**	**7,130**

（留意事項）
・小規模宅地特例
小規模宅地特例は、自宅土地について適用できるケースと、適用できないケースのみ、試算しています。
不動産賃貸事業用土地についての小規模宅地特例は考慮していません。
・配偶者税額軽減
配偶者税額軽減を適用する前の相続税を試算しています。

メニュー

相続税概算額のまとめ

相続花子さんが存命のケース（単位：千円）

		増税前	増税後
小規模宅地特例適用有	対策前	753	5,079
	対策後	0	2,079
小規模宅地特例適用無	対策前	2,247	7,197
	対策後	165	4,197

なお、この2,000万円の贈与税非課税（配偶者控除）は、同一夫婦では一生に一回しか適用できません。

本ケースで、配偶者へ建物2,000万円贈与した場合、相続税は次の通りです。

（登録免許税）

・贈与の場合
土地：固定資産税評価額×2％
家屋：固定資産税評価額×2％

第3編 ケーススタディ

相続花子さんが先に他界のケース（単位：千円）

	小規模宅地特例適用有		小規模宅地特例適用無	
	対策前	対策後	対策前	対策後
増税前	2,879	253	5,330	1,997
増税後	8,459	4,306	12,695	7,130

なお、自宅マンション建物のリフォーム、配偶者への贈与を行う場合には、実行する順序が重要ですので注意してください。

（配偶者へ贈与後、リフォーム）

自宅マンション建物を、配偶者である相続月子さんへ贈与します。この場合の贈与については、夫婦間の居住用財産贈与の特例（2,000万円まで贈与税非課税）を使います。

その後、マンション建物のリフォームを行いますが、そのリフォーム代1,000万円を相続次郎さんが払った場合、それは相続次郎さんへの贈与となってしまいます。預金1,000万円はリフォーム代として建物に変わりますが、建物のリフォームは建物の所有者（相続月子さん）が行うべきものですから、相続月子さんが支払うべき性質のものです。これを相続次郎さんが払った場合、相続月子さんへの贈与となってしまいます。法律上

は、「附合」と呼ばれるものが生じ、このケースでは相続次郎さんから相続月子さんへの1,000万円の贈与になり、それに対する贈与税がかかってしまいます。

（リフォーム後、配偶者へ贈与）

相続次郎さんが所有する自宅マンション建物をリフォームし、その自宅マンション建物を、配偶者である相続月子さんへ贈与します。リフォーム後、すぐに贈与するなどの場合には問題が生じる可能性もありますが、一定期間経過した後に贈与するなどを行えば、配偶者へ贈与後にリフォームしたケースと異なり、相続次郎さんのリフォーム代の支払いについて贈与税はかかりません。

ポイントは、リフォーム代は建物の持ち主が支払うものという点です。相続税節税対策を行う場合、実施する順序についても注意が必要な場合がありますので、よく検討を行ってください。

（対策4）贈与（住宅資金）

両親が子供へ住宅資金を贈与し、子供がその資金で住宅を取得するなど一定の条件を満たしている場合、1,000万円（エコ住宅は1,500万円）までは贈与税、相続税がかかりません。これは、平成24年中の贈与に限ります。平成25年、平成26年の贈与については非課税となる金額は減少していきます。これらをまとめると次の通りです。

このケースで、相続太郎さんが子供へ住宅資金として1,500万円贈与し、子供がその資金でエコ住宅を取得するなど条件を満たせば、贈与税がかからず、1,500万円の資金を子供へ移転できます。この特例を適用する場合の主な条件については、次の通りです。詳しくは、国税庁ホームページで確認してください。
(http://www.nta.go.jp/taxanswer/zoyo/zouyo.htm)

① 受贈者の要件
・贈与する人の直系卑属（子供、孫）であること
・贈与する年の1月1日において20歳以上であること
・贈与する年の合計所得金額が2,000万円以下であること

② 建物の要件（新築の場合）
・床面積が50㎡以上240㎡以下であること
・贈与する年の翌年3月15日までに新築し、居住開始すること

(平成24年贈与)
エコ住宅　1,500万円
その他住宅　1,000万円

(平成25年贈与)
エコ住宅　1,200万円
その他住宅　700万円

(平成26年贈与)
エコ住宅　1,000万円
その他住宅　500万円

この贈与を行った場合の相続税については、エクセルシートの預金部分を修正（1,500万円減少）すれば計算できます。なお、不動産の贈与でなく、預金の贈与であるため、贈与自体には不動産取得税、登録免許税はかかりません（贈与を受けた預金で土地建物を購入するときに、その購入について不動産取得税、登記について登録免許税はかかります）。

子供が住宅を取得する際に、両親が資金援助する場合に本特例を適用すると、相続税の節税になります。

図27　その他財産の入力画面

その他財産

（単位：千円）

財産種類	相続税評価額
財産	
預貯金・現金	15,000
株式	
債券	
死亡保険金	
贈与財産（相続時精算課税）	
贈与財産（暦年課税相続前）	
債務	
住宅ローン	0
アパートローン	0
その他借入金	0
	49,000

預金15,000千円贈与するため、15,000千円に減少します。

メニュー

174

第3編 ケーススタディ

図28 相続税（増税前・配偶者有）概算結果の画面

相続税(増税前)子供

相続人の数	(単位:人数)
配偶者	1
子供	1

相続人の数	実子	養子
子供	1	0

(単位:人数)

課税価格	小規模宅地適用有	小規模宅地適用無
相続財産	86,649	86,649
小規模宅地等評価減	14,119	
死亡保険金非課税枠	10,000	10,000
課税価格　　(A)	62,530	76,649
基礎控除　　(B)	70,000	70,000
差引　　(A)-(B)	-7,470	6,649
課税価格 配偶者	-3,735	3,325
課税価格 子供	-3,735	3,325
相続税 配偶者	0	332
相続税 子供	0	332
相続税合計	**0**	**665**

(単位:千円)

（留意事項）
・小規模宅地特例
小規模宅地特例は、自宅土地について適用できるケースと、適用できないケースのみ、試算しています。
不動産賃貸事業用土地についての小規模宅地特例は考慮していません。
・配偶者税額軽減
配偶者税額軽減を適用する前の相続税を試算しています。

[メニュー]

図29 相続税（増税後・配偶者有）概算結果の画面

相続税(増税後)子供

相続人の数	(単位:人数)
配偶者	1
子供	1

相続人の数	実子	養子
子供	1	0

(単位:人数)

課税価格	小規模宅地適用有	小規模宅地適用無
相続財産	86,649	86,649
小規模宅地等評価減	14,119	
死亡保険金非課税枠	5,000	5,000
課税価格　　(A)	67,530	81,649
基礎控除　　(B)	42,000	42,000
差引　　(A)-(B)	25,530	39,649
課税価格 配偶者	12,765	19,825
課税価格 子供	12,765	19,825
相続税 配偶者	1,415	2,474
相続税 子供	1,415	2,474
相続税合計	**2,829**	**4,947**

(単位:千円)

（留意事項）
・小規模宅地特例
小規模宅地特例は、自宅土地について適用できるケースと、適用できないケースのみ、試算しています。
不動産賃貸事業用土地についての小規模宅地特例は考慮していません。
・配偶者税額軽減
配偶者税額軽減を適用する前の相続税を試算しています。

[メニュー]

図30 相続税（増税前・配偶者無）概算結果の画面

相続税(増税前)子供

（単位：人数）

相続人の数	
配偶者	0
子供	1

（単位：人数）

相続人の数	実子	養子
子供	1	0

（単位：千円）

課税価格	小規模宅地適用有	小規模宅地適用無
相続財産	86,649	86,649
小規模宅地等評価減	14,119	
死亡保険金非課税枠	5,000	5,000
課税価格　　　　　(A)	67,530	81,649
基礎控除　　　　　(B)	60,000	60,000
差引　　　　　(A)-(B)	7,530	21,649
課税価格　配偶者	0	0
課税価格　子供	7,530	21,649
相続税　配偶者	0	0
相続税　子供	753	2,747
相続税合計	**753**	**2,747**

（留意事項）
・小規模宅地特例
小規模宅地特例は、自宅土地について適用できるケースと、適用できないケースのみ、試算しています。
不動産賃貸事業用土地についての小規模宅地特例は考慮していません。
・配偶者税額軽減
配偶者税額軽減を適用する前の相続税を試算しています。

［メニュー］

図31 相続税（増税後・配偶者無）概算結果の画面

相続税(増税後)子供

（単位：人数）

相続人の数	
配偶者	0
子供	1

（単位：人数）

相続人の数	実子	養子
子供	1	0

（単位：千円）

課税価格	小規模宅地適用有	小規模宅地適用無
相続財産	86,649	86,649
小規模宅地等評価減	14,119	
死亡保険金非課税枠	0	0
課税価格　　　　　(A)	72,530	86,649
基礎控除　　　　　(B)	36,000	36,000
差引　　　　　(A)-(B)	36,530	50,649
課税価格　配偶者	0	0
課税価格　子供	36,530	50,649
相続税　配偶者	0	0
相続税　子供	5,306	8,195
相続税合計	**5,306**	**8,195**

（留意事項）
・小規模宅地特例
小規模宅地特例は、自宅土地について適用できるケースと、適用できないケースのみ、試算しています。
不動産賃貸事業用土地についての小規模宅地特例は考慮していません。
・配偶者税額軽減
配偶者税額軽減を適用する前の相続税を試算しています。

［メニュー］

本ケースで、子供へ住宅資金1,500万円した場合、相続税は次の通りです。

相続税概算額のまとめ

相続花子さんが存命のケース（単位：千円）

	小規模宅地特例適用有		小規模宅地特例適用無	
	対策前	対策後	対策前	対策後
増税前	753	0	2,247	665
増税後	5,079	2,829	7,197	4,947

相続花子さんが先に他界のケース（単位：千円）

	小規模宅地特例適用有		小規模宅地特例適用無	
	対策前	対策後	対策前	対策後
増税前	2,879	753	5,330	2,747
増税後	8,459	5,306	12,695	8,195

（対策5）養子

養子縁組をして、法定相続人の数を増やせば、基礎控除が増加するなどにより、相続税の節税となります。法律上、養子の数に制限はありませんが、相続税の計算上は、次の通り、上限が設けられています。

（実子なしの場合）
養子の数　上限2人

（実子ありの場合）
養子の数　上限1人

逆に言えば、常に養子1人までは相続税の節税になるということです。ただし、孫を養子にした場合、その養子である孫が相続した財産については、相続税の2割分が加算されて税金が計算されることになっていますので注意が必要です。

本ケースで相続次郎さんの子供である相続創さんの配偶者を養子にした場合の相続税は、エクセルシートの養子部分を修正（1を選択）すれば計算できます。

本ケースで、1人養子（子供配偶者）にした場合、相続税は次の通りです。

相続税概算額のまとめ

相続花子さんが存命のケース（単位：千円）

	小規模宅地特例適用有		小規模宅地特例適用無	
	対策前	対策後	対策前	対策後
増税前	753	0	2,247	665
増税後	5,079	3,816	7,197	5,797

図32 相続人の数の入力画面

相続税（増税前）子供

相続人の数	（単位：人数）
配偶者	1
子供	2

相続人の数	実子	養子
子供	1	1

養子の数を1人とします。

課税価格	（単位：千円） 小規模宅地適用有	（単位：千円） 小規模宅地適用無
相続財産	101,649	101,649
小規模宅地等評価減	14,119	
死亡保険金非課税枠	15,000	15,000
課税価格　　　　　(A)	72,530	86,649
基礎控除　　　　　(B)	80,000	80,000
差引　　　　　(A)-(B)	-7,470	6,649
課税価格　配偶者	-3,735	3,325
課税価格　子供	-1,868	1,662
相続税　配偶者	0	332
相続税　子供	0	166
相続税合計	0	665

（留意事項）
・小規模宅地特例
小規模宅地特例は、自宅土地について適用できるケースと、適用できないケースのみ、試算しています。
不動産賃貸事業用土地についての小規模宅地特例は考慮していません。
・配偶者税額軽減
配偶者税額軽減を適用する前の相続税を試算しています。

メニュー

相続花子さんが先に他界のケース（単位：千円）

		増税前	増税後
小規模宅地特例適用有	対策前	2,879	8,459
	対策後	753	5,829
小規模宅地特例適用無	対策前	5,330	12,695
	対策後	2,247	7,947

養子縁組を行うには、養親（このケースでは相続創さんの配偶者）とが養子縁組を行うことを同意し、養親の本籍地または住所地の市区町村へ養子縁組届を提出すれば完了です。その際、養親・養子の戸籍などが必要となりますが、詳しくは養親の本籍地・住所地の市区町村で確認してください。なお、養子が未成年の場合には家庭裁判所の許可がいるケースもありますので注意してください。

なお、養子縁組を行うと戸籍に記載がされるという点、および養子は法定相続人ですので財産分けの権利がある人が増える結果となる点、は十分に理解した上で行う必要があります。

養子縁組をした後に、養親・養子関係を解消することも可能ですが（離縁といいます）、その場合、養親・養子がともに離縁することを合意し、届出をする必要があります。したがって、養親だけの意思だけでは養子縁組を解消できないので、養子縁組する際は、その点も踏まえて行う必要があります。

178

第3編 ケーススタディ

図33 相続税（増税前・配偶者有）概算結果の画面

相続税(増税前)子供

(単位：人数)

相続人の数	
配偶者	1
子供	2

(単位：人数)

相続人の数	実子	養子
子供	1	1

(単位：千円)

課税価格		小規模宅地適用有	小規模宅地適用無
相続財産		101,649	101,649
小規模宅地等評価減		14,119	
死亡保険金非課税枠		15,000	15,000
課税価格	(A)	72,530	86,649
基礎控除	(B)	80,000	80,000
差引	(A)-(B)	-7,470	6,649
課税価格 配偶者		-3,735	3,325
課税価格 子供		-1,868	1,662
相続税 配偶者		0	332
相続税 子供		0	166
相続税合計		**0**	**665**

（留意事項）
・小規模宅地特例
小規模宅地特例は、自宅土地について適用できるケースと、適用できないケースのみ、試算しています。
不動産賃貸事業用土地についての小規模宅地特例は考慮していません。
・配偶者税額軽減
配偶者税額軽減を適用する前の相続税を試算しています。

メニュー

図34 相続税（増税後・配偶者有）概算結果の画面

相続税(増税後)子供

(単位：人数)

相続人の数	
配偶者	1
子供	2

(単位：人数)

相続人の数	実子	養子
子供	1	1

(単位：千円)

課税価格		小規模宅地適用有	小規模宅地適用無
相続財産		101,649	101,649
小規模宅地等評価減		14,119	
死亡保険金非課税枠		5,000	5,000
課税価格	(A)	82,530	96,649
基礎控除	(B)	48,000	48,000
差引	(A)-(B)	34,530	48,649
課税価格 配偶者		17,265	24,325
課税価格 子供		8,632	12,162
相続税 配偶者		2,090	3,149
相続税 子供		863	1,324
相続税合計		**3,816**	**5,797**

（留意事項）
・小規模宅地特例
小規模宅地特例は、自宅土地について適用できるケースと、適用できないケースのみ、試算しています。
不動産賃貸事業用土地についての小規模宅地特例は考慮していません。
・配偶者税額軽減
配偶者税額軽減を適用する前の相続税を試算しています。

メニュー

図35 相続税(増税前・配偶者無)概算結果の画面

相続税(増税前)子供

(単位:人数)

相続人の数	
配偶者	0
子供	2

(単位:人数)

相続人の数	実子	養子
子供	1	1

(単位:千円)

課税価格	小規模宅地適用有	小規模宅地適用無
相続財産	101,649	101,649
小規模宅地等評価減	14,119	
死亡保険金非課税枠	10,000	10,000
課税価格 (A)	77,530	91,649
基礎控除 (B)	70,000	70,000
差引 (A)-(B)	7,530	21,649
課税価格 配偶者	0	0
課税価格 子供	3,765	10,825
相続税 配偶者	0	0
相続税 子供	376	1,124
相続税合計	753	2,247

(留意事項)
・小規模宅地特例
小規模宅地特例は、自宅土地について適用できるケースと、適用できないケースのみ、試算しています。
不動産賃貸事業用土地についての小規模宅地特例は考慮していません。
・配偶者税額軽減
配偶者税額軽減を適用する前の相続税を試算しています。

図36 相続税(増税後・配偶者無)概算結果の画面

相続税(増税後)子供

(単位:人数)

相続人の数	
配偶者	0
子供	2

(単位:人数)

相続人の数	実子	養子
子供	1	1

(単位:千円)

課税価格	小規模宅地適用有	小規模宅地適用無
相続財産	101,649	101,649
小規模宅地等評価減	14,119	
死亡保険金非課税枠	0	0
課税価格 (A)	87,530	101,649
基礎控除 (B)	42,000	42,000
差引 (A)-(B)	45,530	59,649
課税価格 配偶者	0	0
課税価格 子供	22,765	29,825
相続税 配偶者	0	0
相続税 子供	2,915	3,974
相続税合計	5,829	7,947

(留意事項)
・小規模宅地特例
小規模宅地特例は、自宅土地について適用できるケースと、適用できないケースのみ、試算しています。
不動産賃貸事業用土地についての小規模宅地特例は考慮していません。
・配偶者税額軽減
配偶者税額軽減を適用する前の相続税を試算しています。

(対策6) 贈与（110万円）

一年間に110万円までの贈与であれば、贈与税はかかりません（暦年課税の場合）。したがって、子供に毎年110万円贈与していけば、贈与税がかからず、財産を移転できます。また、贈与することで両親の財産が減りますので、その分に対応する相続税が少なくなります。

ただし、相続開始前3年以内に贈与した贈与については、暦年課税であっても、相続税の対象になってしまいます。完全に、相続税の対象からはずしたいのであれば、孫や子供の配偶者など、相続人でない人（厳密には、相続・遺贈で財産を取得しない人）に贈与すれば、相続開始前3年以内の贈与であっても相続税の対象からはずすことができます。

(対策7) 墓地仏具

他界する前に墓地仏具を購入した場合、墓地仏具は相続税の対象ではありませんので、その購入資金分だけ、相続税の対象となる財産がへることになります。具体的には、相続太郎さんが200万円の墓地を生前に購入した場合、現金200万円が墓地200万円にかわります。墓地は相続税がかかりませんので、相続税の観点からは、相続太郎さんの現金200万円が墓地0円になった、ということになり、200万円に対応する相続税が減る結果となります。

根岸 二良（ねぎし じろう）

税理士法人ネクスト代表社員、公認会計士・税理士

昭和47年神奈川県三浦郡葉山町生まれ。平成3年神奈川県立横須賀高等学校卒業、平成7年慶應義塾大学商学部卒業。平成8年監査法人トーマツ入所、その後、税理士法人トーマツ、税理士法人タクトコンサルティングを経て、平成24年税理士法人ネクストを設立し、代表社員就任。日本公認会計士協会資産課税等専門部会専門委員。

相続税を中心とした資産税を専門とし、一般の相続税申告・対策、組織再編を活用した事業承継対策、財団法人を活用した相続対策を得意分野とする。

主な著書に、「公益法人等へ財産を寄附したときの税務」（共著、大蔵財務協会）、「中小企業のための合併の法律・会計・税務・評価と申告書作成」（共著、清文社）がある。また、三井ホーム、野村證券、日本生命、大和ハウス工業などのセミナー講師を数多く行う。

澤野 純一（さわの じゅんいち）

税理士法人ネクスト代表社員、税理士

昭和51年神奈川県平塚市生まれ。平成7年神奈川県立平塚江南高等学校卒業、平成12年中央大学総合政策部卒業。平成13年倉石義久税理士事務所入所、平成14年税理士試験合格、その後、税理士法人タクトコンサルティングを経て、平成24年税理士法人ネクストを設立し、代表社員就任。

相続税を中心とした資産税を専門とし、一般の相続税申告・対策、不動産の有効活用、組織再編を活用した事業承継対策、財団法人を活用した相続対策を得意分野とする。

主な著書に、「公益法人等へ財産を寄附したときの税務」（共著、大蔵財務協会）がある。また、三井ホーム、野村證券、日本生命、第一生命などのセミナー講師を数多く行う。

税理士法人ネクスト

東京都新宿区四谷2-11-6

Tel： 03-5368-1024 (代表)

Fax： 03-5368-1064

Email　info@next-tax.com

URL　http://www.next-tax.com 税理士法人ネクスト
　　　　http://www.esozoku.com えらべる相続

知っておきたい やっておきたい 相続のキホンと対策
〈相続税額計算シミュレーション CD-ROM 付〉

2012年10月19日　発行

著　者　根岸　二良／澤野　純一　Ⓒ

発行者　小泉　定裕

発行所　株式会社 清文社

東京都千代田区内神田1-6-6（MIFビル）
〒101-0047　電話 03(6273)7946　FAX 03(3518)0299
大阪市北区天神橋2丁目北2-6（大和南森町ビル）
〒530-0041　電話 06(6135)4050　FAX 06(6135)4059
URL http://www.skattsei.co.jp/

印刷：図書印刷㈱

■著作権法により無断複写複製は禁止されています。落丁本・乱丁本はお取り替えします。
■本書の内容に関するお問い合わせは編集部まで FAX（03-3518-8864）でお願いします。

ISBN978-4-433-52532-3